HISTOIRE

DE

SAINTE GENEVIÈVE.

Imp. Delestre Paris

HISTOIRE

DE

SAINTE GENEVIÈVE

PATRONNE DE PARIS

Suivie d'une Histoire des Reliques de la Sainte

Par LEFEUVE

Troisième Édition, avec frontispice dessiné et gravé par
Amand GAUTIER.

PARIS

Au bureau des *Anciennes Maisons de Paris sous
Napoléon III.*

15, BOULEVARD DE LA MADELEINE.

1861

Paris-Vaugirard, imp. Aubry, rue de l'Église, 6.

Au Docteur

ADDE-MARGRAS (DE NANCY).

Cet ouvrage a été dédié, lors de sa première édition, par un ami à son ami, dont la réputation comme médecin n'a pas tardé à prendre des proportions considérables.

L'auteur n'avait été que bon prophète en devinant l'habile praticien, en tenant compte de ses services, avant que leur notoriété eut ajouté un buste à la galerie des célébrités médicales.

HISTOIRE

DE

SAINTE GENEVIÈVE

CHAPITRE I.

Quand vint au monde sainte Geneviève.

Nous remarquons avec regret que les
volumes de Surius et ceux de Bollandus, ency-
clopédies imposantes, n'aient reproduit, sauf
quelques notes et un exorde, qu'une seule et
même *Vie de sainte Geneviève, patronne de*

Paris (1), et que pour cette histoire, en général, aient été négligées un très-grand nombre
de biographies naïves de *Madame Sainte
Geneviève*, parues postérieurement. Les chanoines réguliers, principalement les pères
Lallemant et Dumolinet, ont attribué cette
œuvre primitive, composée dès le v° siècle, à
un ecclésiastique, Salvius de nom; mais les
bénédictins, Doublet lui-même, en ont fait
honneur au prêtre Genesius, dont il sera question en l'un de nos chapitres.

Quoi qu'il en soit, les modernes se sont tous
appuyés de cette autorité irrécusable pour faire
naître l'illustre sainte Geneviève vers l'an de
grâce 433, sous le quinzième consulat de Théodose, et sous le quatrième de Valentinien III.
« Ce qui advint, dit Génébrad, du règne de

___

(1) Surius, t. 1, p. 55. — *Acta Sanctorum* Bollandi,
t. I, p. 137. — Nous sera-t-il permis d'appeler ici
exorde une première histoire de la sainte, beaucoup
moins complète que celle qui la suit ? La seconde est
celle que Laurent Surius a publiée aussi « *sed mu-
tato stylo.* » Nous nous sommes inspiré de l'une et
de l'autre pour écrire la présente histoire, mais ce
n'est pas exclusivement.

« Clodion-le-Chevelu, second Roy des François
« après Pharamond (1). »

Et lorsqu'il s'est agi du lieu de sa naissance,
les uns ont écrit *Nemptodurum, Nammetodurum,
Nemetodurum*, les autres *Nanturra, Nantura,
Nantara*. Ils ont tous entendu par là une bourgade de la vieille province arrosée par le fleuve
qu'adorait si ingénument noble homme Paschal
Robin, seigneur de Faux, poëte du XVIe siècle,
appréciateur des mérites de sainte Geneviève ;
c'est-à-dire qu'ils ont eu en vue le pays

           « par où Seine
Coulle ses flots meslez avec la blanche areine
De Marne, qui l'accroît et l'accolle à travers
Les vergers pommoneux, et parmi les prez verts,
Et entre les cousteaux renommez les plus nobles
En fertiles et beaux et généreux vignobles ;
Et par où ce grand fleuve et superbe et luysant
Va d'un cours planctureux les plaines arrosant
Qui foisonnent de fruicts, et tranchant la contrée
Se haste d'aller faire à Paris son entrée.
Paris, chef des citéz, où du gauche costé
Ses ondes à l'approche adorent la Cité,

----

(1) Voyez Génébrad, au livre III de sa *Chrono-
graphie*.

Où sur toutes paraît l'église Nostre-Dame :
Et à coup se fendant ses rives il entasme,
Et comme avec deux bras les serre estroictement,
Et d'un dévot repli se fléchit humblement
Devant la Vierge mère en sa plaisante islette ;
Puis retournant à soy d'une course plus preste
Il vogue alaigrement au très-puissant terroir
Où tu naquis heureuse (1) en très-heureux manoir,
Dans un petit village heureux par ton issue,
Où se tournant ondeux en passant il salue
Le monastère sainct, sépulchre des grands Rois,
Sacré à Sainct-Denis, apostre des Gaulois ;
Par ces vallons retorts, il se recourbe et erre,
Et se recostoiant arrose enfin ta terre
Des ondes qu'il respand des cornes de son front,
Et dirois que ses flots à regret s'en revont ! »

En tous cas Nemetodurum était au Ve siècle un village important, que les druides avaient fondé : l'étymologie toute celtique de son nom nous en offre un témoignage irrécusable. *Nemet*, pour commencer, signifiait chez les Gaulois

---

(1) Paschal Robin s'adresse à sainte Geneviève elle-même. Il ne fait guère ici que traduire les vers de l'érudit Didier Erasme de Roterdam, qui, en invoquant sainte Geneviève, avait été guéri d'une fièvre maligne, à la grande surprise de Guillaume Le Cot, son médecin.

lieu consacré, asile, bois sombre, et avait de
l'affinité avec le mot latin *nemus.* A l'égard du
reste du mot, quelques-uns ont bien opposé que
le mot *dor* ou *dour* voulait dire le plus souvent
eau; mais la difficulté qui se présente ici
d'accorder ce sens avec l'autre nous renvoie
aisément à *thor,* qu'il convient de traduire par
porte. De sorte que l'expression avait cette valeur : *Porte d'un bois consacré.* Porte que franchissaient les sacrificateurs, les augures et
aussi les bardes ! Bois où les néophytes vivaient
plusieurs années solitairement avant de passer
prêtres, et qui pouvait bien englober le Vési-
net, Saint-Germain et Marly !

Avant ces autres localités, le bourg de Nanterre était riche, maître dans la contrée, puissant en dépendances, car la domination romaine
y avait trouvé attachée la meilleure partie du
territoire avoisinant, c'est-à-dire l'emplacement où furent bâtis plus tard Rueil, Colombes,
Courbevoie, Asnières, Genevilliers. La Lutèce
des Parisiens ne sortait pas encore de son île
quand la présence des Romains s'était chargée
elle-même d'initier cet entrepôt, cette place de
commerce, à des destinées politiques l'appelant
à succéder à Rome avec le temps. Mais il n'y

avait pas que l'île qui appartint aux Parisiens. Les bois jouaient un si grand rôle dans la religion druidique, qui avait fait du sacerdoce le premier ordre de l'État, que l'importance relative de Nanterre placé près d'une grande ville naissante, s'explique par son origine, comme son origine par son nom.

Au temps de sainte Geneviève, bien que cette petite ville comptât déjà comme chrétienne et comme parisienne, elle ne relevait encore d'aucune église de Paris (1), elle n'avait à supporter nulle des charges, pécuniaires ou autres, dont Thibaud, abbé de Sainte-Geneviève, l'affranchit utilement en 1247 (2), et elle ne devait pas encore au maréchal de France « chaque « année, le jour de saint Jean, trois sols pour « son droit de maréchaussée, et le lendemain « de Pâques un denier et un pain de la grandeur du pied d'un cheval, *unum panem ad « magnitudinem pedis equi* (3). »

---

(1) En 1663, Nanterre était sous la censive de l'église de Sainte-Geneviève de Paris. (*Gallia christiana*, t. VII, *Instr.*, col..243.)

(2) *Liber censiv. S. Genovefæ*, fol. 35.

(3) L'abbé Lebeuf, *Histoire du Diocèse de Paris*, t. VII, p. 122.

La tradition, l'opinion populaire, adoptée la
plupart du temps par la peinture et la sculpture, veut que la patronne de Paris soit venue au
monde sous le chaume du laboureur, entre les
quatre murs nus et chétifs d'une petite maison,
située à l'endroit même où sa chapelle fut bâtie
dans la suite. Ce qui n'empêche pas qu'un bon
nombre d'auteurs, il faut le confesser, se soient
bornés à établir que le père de la sainte portait
le nom de Sévère, sa mère celui de Géronce,
tous les deux gens de bien et chrétiens.

De là chez les modernes différentes versions.
Adrien de Valois et Dubois, par exemple, ont
voulu que Geneviève fût née la fille, ou de
quelque riche Parisien ayant de ce côté sa
maison de campagne, ou du seigneur du village de Nanterre (1). A ce compte, les langes
de l'enfant prédestiné aux gloires célestes, lui
annoncent celles de la terre; sa chaumière devient un palais, qu'entourent des fermes plan-
tureuses; Sévère et Géronce, auxquels des
familiers de la plus haute condition composent
une petite cour, ont de nombreux serfs de

____

(1) Adr. Valesii lib. I, p. 143. — *Histoire des En-*
virons de Paris, p. 50.

main-morte, et leur domaine s'étend au-delà du mont Valérien (1). Tout cela , par malheur, pure imagination ! N'eût-il pas mieux valu laisser à l'Opéra et aux dessus de porte de Watteau, la princesse qui descend au rôle de bergère, et qui garde elle-même ses brebis , en filant de ses doigts leur laine ?

Quant au mont Valérien, il porte effectivement le nom de l'empereur Valérien, père de l'empereur Gallien, et des anachorètes l'ont eu pour Thébaïde, avant même que ce fut un lieu de pèlerinage, sanctifié par le souvenir de la bergère qui souvent y avait fait paître son troupeau. N'était-ce pas encore un désert et un domaine libre, quand le couvent de Longchamps fut fondé par Isabelle de France, fille de Blanche de Castille et sœur de saint Louis? Les ermites qui n'avaient jamais cessé de vivre dans l'isolement, sur la colline, ne se mirent en communauté qu'au XVIIe siècle, et ils virent auprès d'eux s'établir alors le Calvaire, desservi par douze prêtres. Sur cette élévation est de nos jours un fort.

---

(1) L'abbé Lebeuf, *Histoire du Diocèse de Paris,* t. VII, p. 127.

Mais, en interrogeant un autre siècle, ne dé-
couvrons-nous aucun acte plus concluant et
plus spécial? Un contrat en bonne forme fut
justement signé le 17 avril 1488, et il y fut
porté que Colette de Lestre, femme d'un potier d'étain, demeurant à Paris, et se reconnaissant issue de la famille de la sainte, donnait
à sa chapelle, située à Nanterre, une cabane
qui en était voisine (1). Un agiographe de ces
derniers siècles, un des *religieux chanoines réguliers de la Congrégation de France*, convient
lui-même de ceci, « que cette maison avec ses
« despendances avoit autrefois appartenu aux
« parens de la Saincte, et que c'estoit la même
« où sa mère en estoit accouchée (2) ». Selon
nous, plus de doute possible! Si la femme
d'un potier d'étain ne s'est pas étonnée le
moindrement au XVe siècle de se trouver, elle
en personne, la parente de sainte Geneviève,
et si elle s'en est publiquement flattée sans

----

(1) *Mémoires du P. Beurier*, p. 305.

(2) *Vie de Saincte Geneviève*, par un des religieux
chanoines réguliers de la Congrégation de France,
ch. I.

que les généalogistes songeassent à se récrier,
c'est que la fille de Sévère, dans l'opinion publique d'alors, ne touchait pas de près au seigneur de Nanterre. Après cela, au moyen âge,
il n'arrivait pas fréquemment qu'un château féodal descendît à être une échope. Bien
que Bernard de Palissy, le célèbre potier-
émailleur, n'eut pas encore élevé au rang d'un
art le métier exercé par le mari de Colette,
celui-ci pouvait être un habile artisan, un
marchand à son aise; il y avait encore loin de
là à épouser la descendante d'un chevalier romain. Si Nanterre avait un seigneur contemporain de Sévère, ce particulier était riche, le
moyen d'en douter! et il possédait notamment
le canton des Bruyères, *de Brueriis*, dont la
dîme fut réclamée si hautement par Saint-
Germain-des-Prés au XIIIe siècle, et celui de
Penré ou Perré, qui fut réellement sous la censive de l'abbaye de Sainte-Geneviève (1). Mais
pourquoi donc cet opulent châtelain, s'il n'était
autre que Sévère lui-même, eût-il laissé sa
femme légitime accoucher dans une cabane?

Comme il se pouvait bien, convenons-en, que la

_____

(1) Chartul. S. Genovefæ, p. 207 et 320.

seigneurie de Nanterre fut vacante à cette époque-là! Pour d'autres siècles, n'en disons pas
autant. Du vivant de Colette de Lestre, il existait
un messire Jean de Nanterre, procureur-général du roi, qu'elle ne traitait pas même de
cousin, selon toute apparence. Il y avait eu
sous Charles VII un autre Jean de Nanterre,
doyen de la collégiale de Saint-Marcel, et sous
Philippe-Auguste un chevalier ayant nom Guillaume de Nanterre (1).

Imitons donc une sobriété dont les plus
sages historiens ont fait preuve, n'ajoutons pas
de qualités apocryphes à ces deux noms, Sévère, Géronce, auxquels l'ambition va si
peu! Assez de vivants supposent à leurs aïeux
des titres et des richesses dont ils s'étaient
passé de bonne grâce; il ne faut pas que cet
affront posthume soit infligé gratuitement à
des morts sans postérité. Sévère, n'est-ce pas
le nom de plusieurs empereurs romains? Géronce, qui traduit *Gerontia*, vient encore de
plus loin : Γέρων, *vieillard*. La plupart des

____

(1) Sauval, *Histoire des Antiquités de Paris*, t. III,
p. 479. — L'abbé Lebeuf, *Histoire du Diocèse de*
Paris, t. VII, p. 125.

noms propres de notre pays sont gallo-romains
en ce temps-là, comme ceux de Rome ont
été romains-grecs. A Sévère Géronce donne
une fille, qui est baptisée Geneviève; viennent
plus tard des érudits, qui décomposent aussi
ce dernier mot, et qui généralement le recon-
naissent franc.

Toutefois, Adrien Baillet fait observer qu'à
l'époque de la naissance de sainte Geneviève,
« les Francs n'avaient pas encore passé la
« Meuse (1); et il est assez incommode d'accorder cette circonstance avec la valeur litté-
rale d'un nom considéré comme alluvion dè
l'invasion des barbares. Qu'opposeront les lin-
guistes et les archéologues à l'assertion de l'a-
giographe? Ils se retrancheront dans la frap-
pante analogie de *cen* avec le *genn*, avec le *chenn*
celtique, et puis d'*ov* avec l'*off* des Slaves, et
ils n'hésiteront pas à croire que les Latins,
quant aux deux dernières syllabes, se sont
borné à opérer une espèce de redoublement et
à changer *a* en *efa*; ils concluront à ce que *Ge-*
novefa soit regardé comme un nom encore plus
tartare que romain, moins tartare que germain

______

(1) *Vie des Saints*, 3 janvier.

et franc. Nous y lisons la preuve, quoi qu'il en soit, d'une conquête antérieure. Sévère et son épouse, beaucoup moins Romains que Gaulois, eussent-ils donné sans raison à leur fille, née en l'an 433, un nom *barbare*, comme s'exprime le commentaire? Mais les Gaules d'alors étaient si bouleversées par des ambitions étrangères et perdues dans un tel tumulte, qu'il n'est pas sans difficulté de ramasser un mot au travers de ces grandes mêlées, d'en écrire l'histoire comme s'il s'agissait d'un fait, d'interroger pour si peu tant de ruines !

Et d'abord la domination romaine dans les Gaules, n'était déjà plus qu'un principe presque partout démenti par le fait. Le célèbre comte Aetius, lui qui avait été élevé en ôtage auprès d'Alaric, et qui était le fils d'un Scythe mort au service d'Honorius, vainement remuait ciel et terre en qualité de gouverneur de nos provinces, vainement usait du crédit dont il jouissait encore chez les barbares aussi bien qu'à la cour nouvelle de Ravennes. Cet héritier du général Constance payait effectivement de sa personne en homme d'exécution, et il était aussi souvent en disgrâce qu'en veine favorable; il commandait pour le moment, de concert avec Litorius

et Genséric, le nombreux corps de cavalerie hu-
nique qui s'était agrégé aux troupes impériales.
Victorieux çà et là, il arrêtait les Francs dans le
voisinage de Reims (1); il forçait Gondicaire, le
roi des Bourguignons, à s'en tenir à la Savoie;
il empêchait Théodoric, successeur de Wallia,
de continuer le siège de Narbonne, et il se préparait à guerroyer contre les Armoriques ou
les Bagaudes, du côté de Tours, de Chinon (2);
mais entrevoyant quelquefois l'effroyable inuti-
lité de ces efforts partiels, il se sentait, après
maintes réussites, faible, impuissant, réduit aux
expédients; il n'avait plus dès lors la préten-
tion de chasser les barbares, mais celle de leur
imposer l'alliance romaine, des lois romaines,
avec des magistrats indépendants comme les
mœurs et les croyances. En somme, il avait
l'œil à tout, il était de l'Empire le seul chef
militaire qui opposât avec persévérance au
conflit général des idées et des faits, et des
populations errantes, une théorie intelligible,
bien qu'elle fut en apparence à double face et

---

(1) S. Prosper Aquitan., p. 630.

(2) S. Sidonius Apollinaris, *in panegyr. Majo-
riani*, vers. 212. — Adr. Valesii lib. III, p. 120.

à deux fins : il défendait l'Empire avec achar-
nement, bien qu'il en eût désespéré ; mais il
cherchait en même temps à mesurer l'abîme de
l'inconnu. Pour en sonder sans crainte toute la
profondeur, il eût fallu voir dans le christianisme
bien autrechose qu'une secte ; seulement le général de Valentinien III croyait les forces impériales à jamais garanties par les divergences religieuses contre une alliance réelle entre les indi-
gènes et les envahisseurs. Nul autre qu'Aetius,
au reste, pour mieux tirer parti des divisions, en
faisant flèche de tout bois ; nul autre, pour parler
aux gens, en tant d'idiômes rébarbatifs, le langage fleuri des accommodements, qui enrôlait
sous les aigles romaines ou des vaincus ou des
vainqueurs peu de jours après la bataille.

Pendant qu'Aetius, ce type le plus brillant du
général romain de la décadence, remplissait
aussi bien que le permettait la fortune le personnage, difficile dans les Gaules, que jouait de son
côté, mais loin des camps, l'impératrice Placidie
à la cour de son propre fils, il n'était pas prodi-
gieux que les noms, ce blason du peuple, pris-
sent leur part du trouble universel et subissent
eux-mêmes la décomposition. D'un bout à
l'autre de ce monde qui cherchait mille tran-

sitions, c'est la forme qui s'altérait : le christianisme, au fond, faisait son œuvre, et l'ère nouvelle ne se désemparait pas de ce que perdait
l'ancien monde. Les termes dénominatifs ne se
corrompaient pas, ils s'aliénaient ; un baptême
nouveau rendait méconnaissables jusqu'à des
rivières et des villes. Donc la lettre était quelque chose, et la mutation de syllabes qui s'opé-
rait dans les désignations collectives ou indivi-
duelles, en disait plus que de gros livres.

Il est de fait que les Vandales, ce peuple des-
tructeur encore plus que conquérant, étaient venus s'abattre au commencement du siècle sur les
Gaules romaines, ainsi qu'une nuée d'oiseaux
de proie, aveugles comme des hiboux en ce qui
regardait les lettres et les arts, voyageurs en
même temps comme des hirondelles ; mais en
substituant dans les villes, sur les routes et dans
les campagnes, les traces de leur passage brutal
aux empreintes du pas des Césars, ils réveillaient
dans le pays un sentiment d'indépendance, ils
y laissaient une rancune qui n'avait pas en vue
que cette offense, car elle ressemblait déjà à
un besoin de nationalité nouvelle. On lit dans
Jacques Lessabé que « Crosius, roi des Vanda-
« les, prit de ce temps Mayence, Argentive, Tre-

« vères, Loullongues, Tongre, Bezence, Metz,
« Trecht, Sens, Aussoire, Paris, Amiens,
« Beauvais, Lathelongne, Reims, Laon, Ver-
« non, Thérouenne, Arras, et généralement
« toute Gaule belgienne il subjugua dabord,
« gasta et debrisa (1). » Et, par bonheur, il
va plus loin encore, l'auteur des *Illustrations de
la Gaule Belgique :* je dis auteur, bien qu'il ne
soit dû à cet Amyot d'un Plutarque moins connu
que le titre de traducteur. En même temps qu'il
nous raconte comment les troupes de Crosius
s'emparent de la grande forêt Carbonière, de
Tournay « qu'ils mettent par terre en feu et en
« flambe (2), » de Bavay, dont ils ne respec-
tent que les murs, les tours, les palais, Lessabé insiste à propos sur le discernement avec
lequel ils cherchent principalement à renverser
ce qui s'offre à leurs yeux portant le nom romain. Eux-mêmes, ces barbares, ils étaient
entendus aux spéculations de la guerre, comme
si la science en fût incompatible avec la civili-

---

(1) *Illustrations de la Gaule-Belgique, Antiquités
du pays de Hainaut et de la grande Cité des Belges,*
t. II, feuillet 4.

(2) *Illustrations,* etc., feuillet 4.

sation, et leurs coups n'étaient pas de ceux qui
tombent au hasard. Par exemple, l'instinct qui
les poussait incessamment à la dévastation, leur
avait dénoncé dans la ville da Mayence le siége
d'un gouverneur et la redoutable place d'armes
qui se vantait d'avoir été fondée par Claudius
Néron Drusus, frère de l'empereur Tibère (1);
dans Argentive, sur la Meuse, l'opulente demeure d'un patricien, le serviteur de Valentinien III (2); dans Tongres, un monument
particulier de la victoire d'Auguste sur les Adua-
tici; dans Lutèce, la villa de deux ou trois
empereurs, que gardait mal un peuple déjà las
de ce luxe officiel que la cour traînait après
elle, peuple du reste aisé à captiver, et ami
des nouveaux visages; dans Amiens et Beauvais, deux cités qui ouvraient à tout venant leurs
portes, outre qu'elles payaient l'impôt d'assez
bon gré; et enfin dans Arras, le marché des pro-

---

(1) Mayence, *Moguntiacum*, puis *Moguntia*, sur
le Rhin.

(2) « Argenteau, dit Lamartinière, château ruiné
dans les Pays-Bas, sur la Meuse, au duché de Lim-
bourg, et dans le comté de Fauquemont. » (T. I,
p. 365.)

vinces septentrionales, la riche manufacture qui distribuait partout de si belles étoffes (1).

Non contents de piller et de soumettre tant de villes, ils avaient su tailler au vif dans cet orgueil romain dont elles avaient fait le leur ; en assaillant aussi des titres, en faisant la guerre à des mots, ils avaient contesté leur origine, leurs traditions, leurs noms. Si bien qu'ils avaient imposé aux cités ainsi qu'aux familles, durant leur marche triomphante, leurs armoiries, d'innombrables attributs qui donnèrent naissance aux devises féodales, et leur vocabulaire chorographique. Au lieu de Cæsaro-Magus, ils avaient appliqué à la capitale des Bellovaci un nom tiré de celui même de la nation (2); au lieu d'un sobriquet en l'air dont l'avait gratifié je ne sais quel souverain, ils avaient rendu à Amiens son nom de *Samara*, et ajouté *briga*, qui voulait dire *pont*. Mieux encore, en quittant Bavay, place importante occupée par les Nerviens (3), les Vandales avaient négligé les

---

(1) S. Hieronymus *Contra Jov.*, lib. II.

(2) Bellovaci.

(3) A quatre lieues de Mons, Bavay, *Bagaucum* de Ptolémée (lib. II, cap. ix).

cinq voies qu'Agrippa avait établies au temps
d'Auguste, chaussées considérables facilitant
la marche des armées, la conduite des vivres,
et qui communiquaient l'une avec Tongres,
l'autre avec Reims, la troisième avec Tournay,
la quatrième avec Soissons, et la dernière avec
les environs d'Utrecht ; ils avaient pris de préférence une sixième route romaine qui était la
moins fréquentée, et ils avaient poussé à un
château qu'ils avaient aperçu sur l'Escaut et le
Lis, en une vallée au pied du mont Blandin (1).
Ils s'étaient alors attachés à fortifier du haut
en bas cette demeure seigneuriale ; ils l'avaient
gratifiée d'un nom tiré du leur, celui de *Wand*,
équivalent de Gand, qu'ils avaient converti en
langage héraldique, en dotant cette ville neuve
de leurs armoiries propres ; « lesquels signes
« estaient escus noirs et au milieu une blanche
« mousse d'argent où ung wan ou gan (2) ».

____

(1) *Blandin*, montagne qui donna ensuite son nom
au monastère de Blandinberg, fondé par saint Amand
en 635.

(2) *Illustrations de la Gaule-Belgique, Antiquités
du pays de Hainaut et de la grande cité des Belges*,
par Jacques Lessabé, feuillets 4 et 5, t. II.

En somme , les Vandales ne s'étaient pas
borné à renverser et à détruire, puisqu'ils
avaient aussi mis en honneur leur écusson et
leur vocabulaire nomades. Ces conquérants
s'étaient montrés partout et n'avaient disparu
qu'en l'an 412, s'enfuyant en Espagne devant
les Goths d'Allard et les Francs et les Subba-
viens (1). En conséquence, permis à nous
d'imaginer certaine affinité entre *Genovefa* et
l'expression vandale *Wenowa*, le *w* répondant
bien au *g*. « Chez les Vandales, a remarqué le
« père Bastard, quelques femmes s'cppelaient
« Ultroga, Wenowa, Bappa (2). »

D'autres barbares , les Visigoths, succédèrent à ces barbares , et ce fut un nouvel
essai de colonisation au pas de course. C'est
sous l'empire d'Honorius qu'Allard obtint
les dépendances de Bourges, de Toulouse, de
Bavay et de Gand, la forêt Carbonière et toute

---

(1) *Illustrations de la Gaule Belgique, Antiquités
du pays de Hainaut et de la grande cité des Belges*,
par Jacques Lessabé, feuillet 4 et 5, t. II.

(2) « Apud Vandales, feminæ erant Ultroga ,
Wenowa, Bappa nomine. » P. Bastard, *De aliquot
veteribus inscriptionibus*, p. 202.

l'Aquitaine ; c'est à la même époque qu'il envoya ses ambassadeurs au roi des Vandales et lui manda « que tantost et sans arrester « lui et les siens vidassent de la terre qui lui « estoit donnée de l'empereur : ou certaine- « ment il fust seur et asseuré que la dicte « terre seroit arrousée de son sang (1). » Les quelques engagements qui eurent lieu alors retardèrent à peine l'installation des Visigoths, et les historiens n'ont pas tort qui assurent que ceux-ci envahirent d'abord le territoire entier des Gaules. Et, de même que les Vandales, ces autres souverains d'un jour assignèrent aux forts, aux villes et aux maisons de nouveaux noms, c'est-à-dire les leurs, ceux de leurs femmes, ceux de leurs prêtres, ceux de leurs princes (2). Œuvre apparente d'installation, qu'ils poursuivirent à bâtons rompus sous Alaric, Genséric, Ataulfe, Wallia et Théodoric, malgré les pertes successives qu'ils éprouvèrent dans le nord, et qu'ils subirent sans se

---

(1) *Illustrations de la Gaule*, etc., t. II, feuill. 4.

(2) Ils revinrent bâtir deux forts appelés Allard-sur-l'Escaut et Allard-sur-le-Tenre, c'est-à-dire Alost et Audenarde. Id., feuillet 5.

désespérer comme le contre coup de leurs succès en Italie ; malgré l'échec funeste qu'ils reçu-
rent au loin en combattant les Huns de la Dacie,
et bien que les Gaules fussent aussi parcourues
et saccagées par Arménéric et les Suèves, qui
ne gagnèrent l'Espagne qu'en 414. Au reste,
pendant les deux règnes de Théodoric, de
Wallia, des retours imprévus firent de leur armée une hydre à bien des têtes, partout où la
mauvaise fortune les repoussa, et surtout en
Espagne où ils devaient fonder la monarchie.
Celui-ci en effet, Wallia, rejeté qu'il était derrière les Pyrénées, reparut bientôt menaçant,
se défit des Alains qui allaient s'établir à Valence
et à Orléans, réclama de plus belle à l'empereur
Constance (1) la deuxième Aquitaine, avec la
ville de Toulouse. Et celui-là, Théodoric, rentra en possession de Bourges, de la Novempo-

____

(1) Cet empereur, n'étant que consul en l'an
413, avait vaincu les tyrans gaulois Géronce et
Constantin ; il avait épousé Placidie en 417, s'était
fait reconnaître auguste par Honorius, et était
sur le point de porter la guerre en Orient pour
que Théodose II imitât Honorius : inutiles efforts,
puisqu'il allait mourir en 421 !

pulanie et de la troisième Aquitaine, provinces dont il resta maître jusqu'au moment où les Francs s'en emparèrent ; puis il donna l'assaut à Arles en 426, avant de se rapatrier avec le patrice Aetius et de s'avancer pacifiquement, lui et ses fils et ses plus braves guerriers, jusqu'à une grande distance de ses états, à l'invitation des Romains (1); enfin il avisa à se mettre plus à l'aise du côté du nord et de l'ouest, à reculer jusques au Rhône les limites de sa conquête, et à cette page à peu près de l'histoire de Théodoric était arrêté le sinet de l'année 433.

Quant aux Huns, qui avaient quitté les rives du Danube, ils étaient arrivés du même pas que les Suèves, du même pas que les Vandales, et il va de soi seul qu'ils avaient traversé dès lors presque toutes les Gaules, puisqu'ils ne s'étaient arrêtés qu'au pied des Pyrénées, n'osant pas en franchir la chaîne (2). Il est sûr cependant qu'occupés en orient par Théodose-le-Grand, par Stilicon, par Arcadius et par Rufin, des Huns s'avancèrent de leur temps

---

(1) S. Sidonius Apollinaris, *Panegyr. Avit.*
(2) Zozimus, lib. VI.

jusques à la ville d'Antioche, et de là envoyèrent
à l'empereur de Constantinople, dans son palais, la tête du rebelle Gaïnas, vaincu par
leur chef Uldes; il est sûr que bientôt après ils
furent contraints à quitter l'Illyrie, et que Do-
nat, successeur d'Uldes, fut tué (1).

A la mort d'Honorius toutefois, soixante
mille d'entre eux, obéissant à Aétius, passèrent en Italie sous la conduite d'Aspar, afin
d'y servir les projets d'ambitieux de Jean, secrétaire d'Honorius, comme candidat à l'empire; mais celui-ci mourant à l'improviste, ils
attendirent, pour s'éloigner, qu'Aetius leur eût
fait compter la somme promise. D'où il suit
que ce général, mécontent du train des affaires,
se retira momentanément en Pannonie, et y
obtint quelques secours de Rova ou Rugula,
chef des Huns, contre l'heureux rival de
Jean (2). Par le traité qui intervint, les Romains
s'engagèrent à payer à Rova un tribut annuel
de trois cent cinquante livres d'or, et ce barbare mourut l'année suivante. Vinrent alors

---

(1) Deguignes, *Histoire générale des Huns,* etc.,
t. I, partie 2ᵉ, p. 300 et suiv.

(2) Même source.

Bléda et Attila, son frère, « envahissant toute
« Germanic et Gaulle comme lyons font ai-
« gneaulx ou feu en estouppes, ou comme
« tempeste horrible qui tout désire à détruire
« et extirper (1). » Effectivement les Huns revinrent assiéger Bavay, ligués avec les Ostrogoths, et après trois chocs peu décisifs, ils for-
cèrent les Visigoths qui étaient restés dans la
ville, et les Romains qui étaient leur alliés, à
rentrer dans leurs murs et à y endurer pendant huit mois les cruautés de la famine. Au
bout de ces huit mois les Visigoths firent une
sortie nocturne, prirent la fuite et furent joindre
Théodoric ; les Huns, une fois maîtres d'une
place aussi importante, allèrent et vinrent li-
brement de la Belgique en Italie.

Et pendant les années qui suivirent la prise
de Bavay, les Huns se répandirent, se prodiguè-
rent, en ce qu'il fût question partout de leurs
exploits, et ils ne s'intallèrent nulle part, en ce
qu'ils demeurèrent à Trèves, à Worms et à
Mayence, comme à Metz et à Orléans, insai
sissables, divisés, et pour ainsi dire sous la
tente. Préciser ce qu'ils firent alors de par les

---

(1) *Illustrations de la Gaule*, etc., t. II, feuill. 5.

Gaules, décrire leur itinéraire, fixer la part
qu'ils se taillèrent eux-mêmes dans les dépouilles impériales, en rançonnant l'habitant
à leur tour, qui l'oserait? ce serait revenir sur
des absences qu'à eues l'histoire. Il est constant d'ailleurs qu'en 434 se termina cette première campagne, et qu'Attila retourna en
orient, déterminé à attaquer Théodose-le-Jeune
dans sa capitale même, Constantinople.

Du moins le plus fort était fait, et les Huns
exerçaient déjà en occident l'empire de la peur.
En volant de leurs propres ailes, ils s'annon-
çaient par des clameurs étranges, l'incendie leur
frayant la route, et ils tombaient comme un
fléau sur des populations mal défendues. Mais
à la remorque des Romains, ils avaient été
moins sauvages : la solde les avait faits soldats. Comme auxiliaires, ces troupes irrégu-
lières ne donnaient que sur un mot d'ordre et
savaient tenir garnison ; Aetius en avait pro-
mené de place en place sur le pied d'alliés.
Donc nous nous demandons comment cette
question n'a jamais été agitée, de savoir si *Genovefa*, puisqu'on trouve des Asiatiques appelées
Genowa en Tartarie, ne pourrait pas très-bien
être venu, comme les Huns et les Alains, du

pays des Baschirs ou de la Sarmatie. Il ne répu-
gnait pas aux Huns de tailler autant de besogne
que les Vandales et les Visigoths, aux futures
académies des inscriptions et belles-lettres,
et Jacques Lessabé nous le démontre encore
dans un style tudesque ne messeyant pas au
sujet : « Si dict l'acteur, que selon la croni-
« que de Almericus, que au siége pendant que
« ces Huns fusrent devant la dicte cité de Ba-
« vay, que ils misrent plusieurs noms à au-
« cuns chateaulx, comme Hognui, Hugnie,
« Hugniacum, Subhugniacum et Hunoticum.
« Derechief dict ladicte cronique, que ils mis-
« rent nom aux rivières comme Huyne ou
« Haynne, et la Huynelle ou Haynette, et en-
« core plusieurs autres villettes prenaient leur
« dénomination au dict siége, comme dict la-
« dicte histoire. Derechief dict ladicte croni-
« que d'Almericus que ledict pays de Hainaut
« fust par moult longtemps à la cause d'iceux
« Huns appelé Huynau (1) ».

Déjà le champ est assez libre. Indubitable-
mentle parrain de notre sainte était un nouveau
converti, mais avait-il renié les dieux de Gen-

---

(1) *Illustrations de la Gaule*, etc., t. II, feuill. 5.

séric, ceux d'Alaric, ou bien ceux d'Attila ?
Il nous reste pourtant à convoquer des Francs
à cette sorte de conseil de famille, si l'agiogra-
phie a eu tort de les en exclure par ce mot :
« Ils n'avaient pas encore passé la Meuse ».

Or, les IIIe et IVe siècles avaient vu plus d'une
fois les Francs préluder par des irruptions à la
conquête d'une patrie : ils y campaient avant
de s'y établir. Néanmoins, au moment de la
grande invasion de l'empire romain, ces nombreuses tribus germaines réunies sous le nom
de Francs, et qui n'étaient autres pourtant que
les Cattes, les Saliens, les Teuctères, les Angri-
variens, les Bructères, les Ripuaires, les Ché-
rusques, les Chamaves, et autres, des premiers
siècles, semblaient fixées entre l'Elbe et la Meuse.
La preuve, c'est que les hommes du nord
avaient été reçus en ennemis par ces tribus,
qui tenaient pour l'Empire, et qu'il avait fallu
recourir à l'emploi des machines de siège pour
renverser ce boulevard de piques et de bou-
cliers, contre lequel serait venue s'abattre toute
la cavalerie des Alains, descendants des Scythes
indomptables.

En 420, combien tout est changé ! Pharamond,
le chef des Saliens, qui ont occupé la Campine

et les plaines de Tossender-Loo, règne sur une partie de la Flandre, avec Trèves pour capitale: c'est l'opinion prédominante. Il transmet son pouvoir, environ dix années après, à Clodion-le-chevelu, son fils, lequel n'est pas plus tôt monté sur le pavois qu'il épouse une fille du roi de la Thuringe, se jette dans Cambrai, s'empare du Hainaut et aussi de l'Artois, s'avançant malgré les Romains, « tant que il dilate son «règne jusques àla rivière de Somme (1).»Mais il arrive que ses soldats, en fêtant de si grands succès, et en célébrant à la fois les noces d'un lieutenant du roi, qui viennent d'avoir lieu à côté d'Helena (2), se livrent à la joie d'un festin homérique, sous les tentes d'un camp fermé par des chariots, et avec un tel abandon que l'armée de Clodion s'enivre comme un seul homme. Surviennent les Romains de Majorien et d'Aetius, (3) qui s'emparent des voitures,

---

(1) *Illustrations de la Gaule,* etc., t. II. feuill. 3.

(2) Lens, à ce qu'on prétend.

(3) Les deux Majorien firent cette campagne: l'un était lieutenant d'Aetius, et l'autre, qui était fils du premier, devint empereur d'Occident.

des restes du festin et de la jeune épouse, après
avoir mortellement frappé ou mis en fuite tant
d'imprudents convives, qui ne savaient vaincre
qu'à jeun (1). Il suffit de cet avantage pour
ranimer le courage des Gaulois, qui déses-
péraient des Romains. Les habitants de Metz,
de Thérouane, de Tournay, d'Amiens, de Tongres, et d'autres villes voisines, les Moriniens
de la deuxième Belgique (2), les Argentiniens
(3), les Tullensiens (4), les Lambresiens (5)
et les Rétinéens (6), après s'être confédérés,

-----

(1) S. Sidonius Apollinaris, *in Aviti paneg.*

(2) *Morini*, peuple qui habitait la côte en face de
la Bretagne romaine, dont il était séparé par le *Fre-
tum Gallicum.*

(3) D'Argentive.

(4) *Tulingi*, peuple de la Germanie méridionale,
c'est-à-dire cantonnant vers les sources de l'Ister
et l'Helvétie.

(5) *Lambrus*, rivière de la Gaule cisalpine, coulant
à l'est de Mediolanum.

(6) *Rætia*, contrée bornée au nord par la Vindé-
licie, au sud par la Gaule cisalpine, à l'est par le
Noricum, à l'ouest prr l'Helvétie.

obligent les Francs à repasser entre le Rhin,
le Mein, l'Elbe et le Weser. (1).

Il y a coïncidence entre ce mouvent de retraite et la naissance de sainte Geneviève. Néanmoins c'est à peine si la phrase d'Adrien Baillet, peut être ainsi modifiée : « Les Francs de
« cette époque-là n'avaient pas encore repassé
« la Meuse ». Clodion-le-Chevelu s'était retiré
en effet à Disporum (2) ; mais après cet échec,
il y avait eu réaction en faveur de ce chef des
Francs, et de nouveau il gouvernait en quelque
sorte deux France différentes, comme l'a dit un
écrivain moderne (3), « la nouvelle en deçà du
« Rhin, et l'ancienne au-delà. » Pendant que le
consul tenait tête autre part aux Bourguignons,
aux Visigoths, aux Huns, une armée organisée
par Clodion avait pris de justes revanches

---

(1) *Illustrations de la Gaule*, etc., par Jacques
Lessabé, t. II, feuillet 3.

(2) On dit aussi Dispargum et Duysbourg. Le Rhin,
qui a changé de lit, baignait autrefois le pied des
murailles de cette ville. (Zeiler, *Westph topograph.*,
p. 21.)

(3) M. de Flassan, *Histoire gén. et raisonnée de la
Diplomatie française*, t. I, p. 58.

jusque sur les rives de l'Escaut (1). Au surplus,
les Romains se retrouvaient d'accord avec les
Francs, lorsque d'autres envahisseurs leur faisaient face à tous les deux. Contre ces adversaires communs, Valentinien III s'appuyait sur
le passé ; le père de Mérovée les repoussait au
nom de l'avenir. L'ancienne Gaule hésitait encore entre cet ancien maître et ce nouveau, qui
servaient l'un et l'autre, en attendant, à la débarrasser de compétiteurs trop nombreux. Quel
le apparence, au surplus, que les Francs aient été
les derniers venus et pourtant les mieux par-
tagés, dans la descente de ces peuples du
nord ! Comment le Rhin, pendant deux siècles,
n'eut-il été infranchissable que pour les
Francs, campés sur l'autre rive? A l'auteur
de la *Vie des Saints* est-il pardonnable d'oublier qu'au IIIe siècle, sous Valérien, les
Francs, ont traversé les Gaules, en y montrant
fort peu d'animité, pour se rendre en Espagne
et de là en Afrique? A-t-il traité de bagatelles le
ravage de soixante-dix villes à la mort d'Auré-

____

(1) « Francus Germanum primum Belgamque se-
« Sternebat. »   cundum
(S. Sid. Apoll. *in Avili paneg.*)

lien , la campagne de 365 , sous Julien , et celles qui suivirent ?

Ne voir entre Francs et Gaulois que les rapports du vainqueur au vaincu, ou du noble au vilain, ou du maître à l'esclave, c'est oublier qu'une génération ne lègue jamais sa destinée que sous bénéfice d'inventaire aux générations q ii la suivent. Bientôt le joug aurait été secoué, et l'opprimé eût relevé la tête , si le fort et le faible n'avaient eu l'un pour l'autre une sympathie fraternelle , et si des concessions mutuelles ne les avaient de plus en plus rapprochés , avant de les fondre tous deux dans une autonomie nouvelle. Il y avait eu, comme entre deux familles , difficulté suivie d'arrangement, puis fianciailles, annonçant hymen. Aussi bien les conquêtes appelées à durer ne se font nulle part en un jour, et elles ne se consolident que par une assimilation successive , mais spontanée , de religion , d'honneur et d'intérêts. Les Romains avaient dû user de ménagements à l'infini pour se maintenir plusieurs siècles dans les Gaules : ils avaient eu le tort originaire de conquérir cette magnifique province sur des occupants légitimes, qu'ils ne regardaient plus dès lors comme

des barbares, mais qui n'étaient de l'Empire
qu'à demi, c'est-à-dire des Gallo-Romains. La
conquête des Francs, au contraire, était une
libération : il n'y eut pas de Gallo-Francs.
N'avaient-elles pas cessé de se confondre avec
les hordes des barbares, ces tribus qui, depuis
deux siècles, combattaient plus souvent avec
l'Empire, pour retarder sa chute, que contre,
pour en profiter ? Le pays affranchi avait eu
tout le temps de connaître ses libérateurs, et
ne se bornait pas à changer de maîtres. Les Gaulois n'avaient déjà plus, avant de perdre tout
à fait leur nom, cette sévérité dans la tenue, et
ce caractère impassible, et ces vues commer-
ciales sans étendue, qui les avaient laissés
longtemps tristes appréciateurs, comme les
orientaux, de tout ce qui n'intéressait pas directement le foyer domestique. A leur école,
les Francs avaient appris les avantages de la
vie sédentaire, s'étaient initiés aux sciences,
même à celle de l'agriculture. On voyait bien
surtout que les nouveaux avaient communiqué
aux plus anciens, outre une prédilection naissante pour les arts et les belles-lettres, leur
habileté à polir les épées, et la meilleure manière de s'en servir.

J'en conclus que la race franque doit la première figurer, parmi les races auxquelles peut s'attribuer l'honneur d'avoir donné son nom à sainte Geneviève, ce personnage si marquant des premiers siècles de notre ère.

A coup sûr, le bourg de Nanterre a suivi au Ve siècle la fortune de Lutèce, la ville municipe. Mais qui sait toutes les épreuves que Lutèce a subies en devenant Paris, en passant des Romains aux Francs ? Mérovée, qui fut nommé roi pour sa bravoure, honneur que l'on rendait ailleurs à la sagesse (1), Mérovée avait eu indubitablement des prédécesseurs en bravoure, à la tête des mêmes tribus ; mais aucun de ces chefs, en parcourant les Gaules, n'y a écrit ses *Commentaires*.

Le territoire des Parisiens ne devait pas

---

(1) Les rois Mages qui vinrent offrir des présents à Jésus enfant, n'étaient réellement que des mages, appelés *rois* à cause de leur sagesse, suivant un usage de l'orient ; ils n'ont pas réellement régné. Mais un chef militaire était, en occident, et surtout chez les Francs, dans des conditions différentes. Avant même d'être acclamé roi, il en exerçait le pouvoir.

avoir alors moins de vingt lieues, et il était
borné au nord par le pays des Silvanectes, à
l'est par celui des Meldéens, au sud par celui
des Sénonais, à l'ouest par celui des Carnutes (1) : Nanterre en faisait donc partie. Il
est bien évident que depuis Jules César, cette
ville des Parisiens avait encore beaucoup plus
gagné en importance qu'en territoire, et que
le séjour des empereurs y avait naturalisé le
luxe des palais d'Italie : puissant appât pour
les bandes armées qui sillonnaient le territoire,
en s'appliquant ce qu'elles ne brûlaient pas! Le
contingent d'hommes bons à la guerre qu'elle
fournissait sur la fin, lors des levées de la
province, ce ne pouvait plus être « à peine
« deux mille hommes », ainsi qu'au temps du
siège d'Alise (2) : depuis lors, la population
avait doublé. Du reste, Paris avec ses dépendances faisait partie de la province lyonnaise,
et une sympathie étroite en liait depuis long-

____

(1) Le chef-lieu des Silvanec'es était Senlis; celui
des Meldéens, Meaux; celui des Sénonais, Sens : celui
des Carnutes, Chartres.

(2) Cæsar, *de Bello gallico*, lib. VII, cap. LXXV.

temps les habitants avec les habitants de Sens (1). Lyon et Sens étaient justement les deux villes gauloises que les hordes septentrionales avaient le plus souvent et le plus maltraitées.

---

(1) Confines errant hi (parisienses) Senonibus, civitatemque, patrum memoriâ, conjunxerant. » Cæsar, *de Bells gallico,* lib. VI, cap. III.

CHAPITRE II.

Saint Germain-l'Auxerrois et Saint Loup, à Nanterre.

Les races latines devaient à celles du nord de nouveaux élements de force, mais la lumière venait de l'orient. L'historien saint Grégoire de Tours, qui écrivait au VIe siècle, rapporte au milieu du IIIe, Décius et Gratus étant consuls, le martyre de saint Denis, dont la ville des Parisiens a été le théâtre (1); il constate également que vers 350 l'évêque saint Martin est venu répandre les semences de la

---

(1) S. Gregorius Turonensis, *Historia Franç.*, lib. I, cap. XXVIII.

foi chrétienne dans cette province (1) : il y avait
dans les Gaules 64 provinces, comme celle
des Parisiens. Impossible de douter qu'à l'é-
poque de la naissance de sainte Geneviève,
Paris avait été déjà doublement évangelisé.
Dans les environs de la ville, l'ancien bois sacré
de Nanterre avait assurément attiré les regards
de saint Denis : on sait que les apôtres s'arrê-
taient particulièrement dans les lieux consacrés
au culte des faux dieux, pour mettre la vérité
en regard de l'erreur.

La fille de Sévère fut baptisée: une femme
de Paris la tenait sur les fonts. Son esprit même
fut initié de bonne heure aux principes qui rendaient la vie à un monde épuisé, mourant. Aussitôt que la *Bible* et les *saints Évangiles* furent
mis sous les yeux de l'enfant, il s'opéra en
elle une de ces merveilles que produisent
l'amour et la foi, encore mieux que le plus
grand génie : toutes les explications ajoutées
par les maîtres, prêtres, parents ou amis, qui
lui donnaient l'instruction religieuse, étaient

---

(1) Voyez la lettre des sept évêques, dans Grégoire
de Tours, même ouvrage que ci-dessus, lib. IX,
cap. XXXIX, *Exemplar epistolæ*.

pour elle comme une répétition de révélations
convaincantes et de preuves démonstratives, que
lui avait déjà données la grâce. « On voyoit
« évidemment au dehors, dit l'auteur de sa vie,
« les miracles que le Saint-Esprit faisoit en son
« intérieur, et les lumières qu'il versait en son
« âme ne pouvoient demeurer cachées sous le
« voile de son enfance (1). » Par là Geneviève, encore très-jeune, attirait l'attention de tous dans
le village de Nanterre, et puis elle appliquait
aux petites choses, jeux ou soins domestiques,
les ressources déjà inépuisables d'un esprit
étonnant pour sa vivacité, d'un jugement précoce, d'un cœur porté au dévouement. Parmi
les enfants de son âge et de sa condition, qui
était humble, mais qui n'était pas le servage,
elle montrait un de ces caractères qui charment
par l'indépendance et la franchise des premiè
res inpirations, mais qui font deviner en même
temps une âme bien située, capable d'affronter
le péril, réfractaire à l'ingratitude, ennemie seulement de ses propres faiblesses. Mieux avisée

____

(1) *Vie de Saincte Geneviève*, par un des religieux chanoines réguliers de la congrégation de
France, ch. 1.

que ses compagnes, qui lui devaient souvent le
bon exemple, elle faisait la part du devoir : il y
avait quelque chose de sérieux jusque dans ses
divertissements. Les citadins qui passaient à
Nanterre, de demander le nom de cette enfant,
qui rendait agréable à tous une sagesse au-dessus de son âge. L'avait-on vue ? on voulait la
revoir.

En l'année 440, à ce que relatent les *Annales
de France*, le pays qu'habitaient Sévère et Géronce renonça pour un jour au calme habituel.
Nanterre recevait deux évêques qui, ayant été
députés par le dernier concile des Gaules, se
rendaient en Grande-Bretagne pour y combattre l'hérésie (1), et quels évêques encore !
saints Germain-l'Auxerrois et Loup. L'un avait
devant lui une double réputation que ne lui
contestaient ni les savants du monde, ni même
ses compatriotes, celle de jurisconsulte recom-
mandable et celle de bienfaiteur de la ville de
Troyes ; l'autre, héros plus populaire, avait
été dix ans avocat au barreau romain, puis
duc de la milice dans les Gaules, et gouverneur de la Marche Armorique, avant de répu-

______

(1) Beda, *Historia Angl.*, lib. I, cap XVII.

dier les honneurs, les avantages de sa position,
et de se vouer modestement au service de l'autel en qualité de diacre pour commencer (1).
Tous deux passaient par le petit village, « soit
« pour faire oraison, ou pour se rafraîchir et
« héberger, comme dit Pierre le Juge (2), »
et les habitants de l'endroit, auxquels de
telles émotions étaient assez peu familières,
avaient quitté les travaux de la campagne,
hommes, femmes et enfants à la fois : ils
tenaient à saluer les prélats voyageurs, aux
mains pleines de bénédictions ; à se graver dans
la mémoire les traits de ces deux hommes que
leur mérite avait fait sortir de la foule, avant
que ce fut la vocation religieuse. Renommée
bienfaisante et sans tache celle des deux saints!
Bienheureux les villages qu'ils ne traversaient
pas sans y reprendre haleine! Chacun eût voulu
retenir quelques instants de plus dans leur patrie ceux que menaçaient à la fois le passage
d'une mer dangereuse, l'insalubrité d'un

---

(1) On peut voir l'*Histoire de saint Germain-
l'Auxerrois,* par Lefeuve, ch. x, et celle de Con-
stantius, ch. xx, xxi.

(2) *Vie de Saincte Geneviève,* etc., liv. I, ch. i.

climat plus humide, un caractère national dif-
férent et enclin de tout temps à la séparation
religieuse. Que de rigueurs et que de préven-
tions il y avait à braver de front! C'est Germain-
l'Auxerrois que le pape Célestin avait nommé
personnellement son légat extraordinaire. L'é-
vêque champenois n'était donc en mission,
près de l'évêque bourguignon, qu'avec la
qualité de coadjuteur.

Ah! ce n'est plus le triomphe d'un consul.
Aucun char ne conduit au capitole un héros
couronné, qui ait rougi les eaux vertes du
Rhin à force de sang répandu. Loin que des
captifs soient derrière, c'est la liberté qui
avance. Deux soldats de la foi vont apaiser,
sans armes et sans escorte, une sédition provo-
quée par l'erreur, et leur départ se fête comme
une victoire, tant on compte sur un prompt et
un heureux retour!

Germain, que tout le monde aborde, répond
aux marques de respect par des preuves d'affection, aux félicitations en les retournant à Dieu,
aux craintes par des encouragements, aux
plaintes par des consolations : les paysans de
Nanterre en sont émus, comme une famille qui
retrouverait son père. Mais il aperçoit dans la

foule une jeune fille à la tête penchée, à la
physionomie rêveuse, dans les cheveux de laquelle un rayon de soleil se joue, la couronnant ainsi que d'une auréole. Il demande :
— « Quelle est cette enfant ? »

On reconnait l'intéressante Geneviève, qu'ont
amenée là Géronce et Sévère. Le prélat aime
les enfants, et que de fois il a lu sur leur front,
où l'affectation ne fait pas ombre, quelque chose
de leur avenir! Aussi bien les extrêmes se tou-
chent. Geneviève a pour les vieillards une
grande vénération, et elle prête à leurs discours
l'oreille la plus attentive, parcequ'ils sont des
livres tout ouverts. Dès qu'elle voit l'Auxerrois
faire un pas de son côté, elle accourt, et la joie
qui brille dans ses yeux, montre qu'elle est
reconnaissante de la bienveillance infinie exprimée dans ceux du vieillard.

Ils se parlent comme deux amis, bien que ne
s'étant jamais vus, et faut-il nous en étonner?
Souvent la vie ne suffit pas à deux personnes du
même âge pour arriver à se connaître à fond :
le hasard seul les avait rapprochées. Une première rencontre peut, en revanche, nouer la
parenté de l'âme entre deux êtres jusque-là
séparés par tout ce qui est convention. Deux

natures supérieures ont surtout le don merveil-
leux de se comprendre à première vue : elles
se cherchaient, elles se trouvent. De protecteur
à protégé, les distances sont des rapports : la
confiance du faible est l'ascendant du fort. Germain et Geneviève, mis en présence l'un de
l'autre sur une place de village, lient connaissance par des épanchements, dont l'auditoire
jouit comme eux, et l'avenir de Geneviève se
greffe sur le passé de Germain. L'assistance de
se demander si la bonne grâce du légat le fait
réellement descendre à la portée de la jeune
fille, ou si c'est elle qui grandit avec lui.

Puis l'ami, devenant prophète, se tourne
vers le père et la mère : — « Aimable
« esprit, assurément, dit-il d'une voix lente
« et majestueuse, cœur bien situé ! Que vous
« êtes heureux, vous ses parents, d'avoir
« donné le jour à cette enfant prédestinée !
« Sa naissance a été une fête pour le ciel :
« ne doutez pas de cette vérité ! La jeune fille
« que vous voyez servira à l'exécution d'intimes
« desseins de la Divinité ; elle fera grand bruit
« en ce monde à cause des bontés qu'aura eues
« le Très-Haut pour elle, et on verra à 'exemple
« de cette femme, des hommes s'employer au
« bien. »

Geneviève se jette dans les bras de ce protecteur inspiré, qui lui donne un baiser de père,
en ajoutant : «—Et toi, Geneviève, tâcheras-tu
« d'éluder la question que je vais t'adresser ?
« Dis-nous si tu auras plaisir à consacrer ta vie
« à Dieu, qui ne te recevra que sans partage ?
« — Mon cœur brûle déja d'amour, lui répond-
« elle,pour l'époux céleste, et je promets dès-
« à-présent que je n'en aurai jamais d'autre.
« Si vous ne me croyez pas indigne de lui,
« autorisez mes espérances, mon père, en me
« donnant une bénédiction. »

Les deux mains du prélat s'arrêtent un moment sur la tête de la jeune fille, et puis il entre
dans l'église de Nanterre pour étendre cette
bénédiction à toute la population. Il se fait tard :
saint Germain et saint Loup acceptent l'hos-
pitalité pour la nuit, chez un habitant du
village. Mais avant de quitter Sévère et Géronce, l'Auxerrois les engage à lui ramener
Geneviève le lendemain.

Ainsi le légat du saint-siége a le pressenti-
ment du rôle que doit jouer sainte Geneviève,
sur le théâtre d'une ville dont il prévoit les
hautes destinées. Révélations miraculeuses,
éclatant pour ces deux élus, dans les ténèbres

4

d'une histoire qui en est à ses premières pages !

D'autre part, saint Germain d'Auxerre est si bien l'homme de son siècle, qu'il sait à fond l'état de décadence qui s'y prolonge dans les mœurs, en dépit des innovations déjà subies par l'empire des Césars. Il a mesuré la misère de cette société gallo-romaine, dont il a connu tous les grands « se délectant dans leurs loisirs, « tremblant sans cesse pour leurs richesses, en « préférant surtout l'usage et l'affluence à l'éter- « nité elle-même, préparés à subir toute domina- tion. » (1) Il n'ignore pas que, depuis l'invasion, les villes réduites sont autant de Capoues, avec ce délice de plus qu'on y compte sur la fin du monde à bref délai (2). Le relâchement des liens de la famille n'aide que trop à l'immora- lité : les mères surtout auraient à en répondre. Quelle part n'ont pas pris les femmes à cette dé- pravation mutuelle entre barbares et Romains ? Dès le commencement du siècle, une sœur, toute jeune, de l'empereur Honorius s'en est

---

(1) Sexti Aurelii Viétoris *in Probo*, cap. XLVII, p. 748.

(2) P. Bastard, *De aliquot veteribus Inscriptio- nibus*, p. 2.

allée tomber, nouvelle espèce de rançon, entre
les bras d'un souverain nomade, et dernière-
met encore Honoria, fille du même empereur,
s'offrait à Attila comme prix d'une trahison :
à quoi tient le sort des états, grâce à cette politique de mauvais lieu, qui ne rencontre plus
son Juvénal ! Les plus belles femmes de consul,
de patricien, de capitaine, donnent le même exemple aux femmes des classes inférieures, en
compliquant de leurs intrigues particulières les
hasards d'un temps de fortune. A la liste de
proscription, que grossissaient les passions
féminines, a succédé un tarif de l'amour, jusque
là inconnu dans les affaires, dans la diplomatie.
Les courtisanes en donnaient pour de l'or :
qui veut de l'amour pour du sang, pour une la-
cheté, pour un mensonge ? A ce prix, des races
se croisent. Il n'est pas rare qu'une grande
dame, tout en marchant la tête haute, se voue à
l'avancement de son fils naturel et relègue au
fond d'une campagne le fruit de l'union légitime : « — Je ne tiens celui-ci, dit encore la pa-
« yenne, que d'un époux, et je dois l'autre aux
dieux. » D'où il suit qu'un grand nombre de
pierres tumulaires, qui se ferment en grande
pompe, seront retrouvées dans l'avenir mar-

quées des initiales S. P. Ces deux lettres voulaient dire *sans père* (1); elles signifient presque *sans patrie*, pour les bâtards qu'ont laissé derrière eux les Visigoths et les Alains. Dans le peuple, encore moins de filiation légale : les Sabines du IVe siècle et du Ve n'ont pas attendu l'enlèvement !

Pour que la femme se relève, il faut à cet amour lui-même qu'elle inspire pour le partager, une transfiguration chrétienne, et qu'aux ailes de l'enfant qui le personnifie chez les poètes du paganisme, se substituent les grandes ailes de l'ange. L'époque des croisades contre les infidèles sera aussi celle de la chevalerie. Mais l'ange déchu aura fait pénitence avant de reprendre sa place. D'ici-là d'innombrales vierges réaliseront l'idéal purifié. Combien de noms sans tache iront s'inscrire sur le martyrologe féminin, avant que la pudeur soit réhabilitée,

---

(1) Spurius est un prénom qui s'écrivait par les lettres initiales S. P. ; le nom des morts auxquels on n'avait pas connu de père légitime, était également précédé de ces deux lettres. L'ignorance a confondu les deux indications, et l'on a appelé *spurii* les gens qui n'avaient pas de père connu.

premier attribut de la femme, par les prières
et les vertus des vierges consacrées à Dieu ! (1)

Régénération par la femme et pour la femme,
devinée par Germain.

Il voit une élue dans l'appelée, qui s'est placée sous sa protection ; mais il craint, le lendemain matin, que la nuit ait été mauvaise
conseillère, que d'autres vues aient détourné
Geneviève de la vocation religieuse. Plus in-
certaine encore est la population de Nanterre,
qui attend l'heure de la seconde entrevue, dans
l'église qui trop tôt peut-être a déjà pris un air
de fête.

Dès qu'il y voit entrer la fille de Sévère,
Germain s'avance à sa rencontre : — « Çà,
« Geneviève, lui demande-t-il, te souviens-tu
« d'avoir fait des aveux ? As-tu les mêmes dé-
« sirs ardents qu'hier ?

— « Dieu travaille en moi, répond-elle, et

____

(1) Ainsi sainte Italie, sainte Nomadie, sainte Ono-
flède, sainte Pusine, sainte Pallade, sainte Scariberge,
sainte Benoîte de Bretagne, sainte Balsamie ou Nor-
rice, sainte Clotilde reine, sainte Céline, sainte Célé-
nie, saintes Eutropée et Eutropie, sainte Piale, sainte
Flamine, sainte Florence, sainte Georgie.

« je n'aspire qu'à me conserver digne de lui
« appartenir exclusivement. »

Saint Germain prête encore l'oreille à l'écho
des paroles rassurantes de Geneviève, quand
la foule ne les entend plus. Les regards qu'en
actions de grâces il a élevés vers le ciel, en
retombant à ses pieds y voient luire un sou
d'airain, sur lequel est gravé le signe de la rédemption. Il ramasse la pièce de monnaie, qui
est devenue une médaille ; son soufle en chasse
la poussière, et il attache au cou de la jeune
fille cette pièce de métal, en commémoration
de ses fiançailles avec Dieu. Et il ajoute : —
« Voici l'anneau nuptial, ma chère fille, voici
« ta dot. Conserve ce souvenir durable, en te
« gardant des autres ornements d'or ou d'ar-
« gent, qui se passent au cou et dans les doigts.
« Les bijoux mondains ne conviennent qu'aux
« accordées dont les vues sont terrestres. Toi,
« qui n'appartiendras qu'à Dieu, c'est dans ton
« cœur que tu dois resserrer l'écrin des pierres
« précieuses. Maintenant, mon trésor, adieu. »

Le légat du saint-siège, visiblement ravi de ses
dispositions persévérantes, recommande une
seconde fois sa pupille adoptive aux parents qui
lui restent, et il est avant peu avec saint Loup

sur la route du nord (1). Les habitants du bourg, dont les remercîments pleins d'effusion font cortège aux deux voyageurs, ont de la peine à détacher leurs yeux du point de l'horizon où avant peu ils disparaissent. Nanterre n'est plus un village, mais pour ainsi dire une famille, que le patriarche a quittée, en laissant par bonheur une consolation dans la personne de Geneviève, qu'on ne regarde plus comme un enfant.

Or Adrien de Valois tire de cet épisode une conséquence torturée. « Ce que saint Germain, « évêque d'Auxerre, remarque cet auteur, dit « à sainte Geneviève en la consacrant à Dieu, « prouve assez comme elle n'était nullement « villageoise. Ce grand homme lui recommanda « de renoncer à la braverie et de ne plus por- « ter à l'avenir aucuns joyaux. C'est donc une « marque qu'elle était d'une naissance à en « porter, si elle eût voulu ; autrement ce serait « faire tort à saint Germain et le faire passer « pour inconséquent avec lui-même (2). » Mais nous voyons les choses autrement que cet his-

---

(1) Hericus, *Vita S. Germani*, lib. III.

(2) Valesiana, p. 43.

toriographe du XVIIᵉ siècle. Est-il besoin, nous le lui demandons, qu'une femme soit de famille riche, et n'est-ce pas assez de sa jeunesse, de sa beauté et de sa seule complaisance, pour que les bijoux lui arrivent, ces arrhes ordinaires de la passion et de la séduction?

Si enfin Sévère avait été le seigneur de Nanterre, comment Germain et Loup n'y eussent-ils pas été les hôtes de ce chrétien, plus riche que les autres? Le village ne devait pas compter nombre de maisons assez grandes, assez décentes et assez chrétiennes pour recevoir à la fois deux évêques.

CHAPITRE III.

Comment la bergère prit le voile.

Du Breül, en parlant du village où Geneviève a passé la première partie de sa vie,
s'exprime ainsi : « Là se voit le parc où l'on
« tient que cette sainte vierge gardait les trou-
« peaux de son père : partout enceint de grosses
« pierres pour marque éternelle de sa pre-
« mière et simple condition, et parc, lequel
« n'est jamais couvert d'eau , encore que tous
« les champs voisins en soient souvent inondés
« par le débord de la rivière (1). »

La fille de Sévère continua en effet à vivre

____

(1) *Histoire des Antiquités de Paris*, liv. IV.

dans sa famille, après le passage des évêques.
Elle avait commencé par être un des enfants
dont parle Salomon, et qu'*il suffit de mettre dans
la bonne voie pour qu'ils s'avancent ne s'en
écartant pas* (1); mais elle grandissait toujours,
et Dieu sait ce que tous les jours ses vertus,
sa raison prématurée, sa délicate modestie
ajoutaient de valeur encore à sa grâce et à
son esprit. En même temps que son âme
d'élite *se déprenait de la matière,* pour nous
servir du mot de l'un de ses biographes,
Geneviève se rendait utile, sous sa figure pastorale, en partageant les travaux, les fatigues
de la classe ouvrière de la campagne, parce
qu'elle y était née, et en s'appliquant, pour
surcroit, à des études plus relevées, qui pré-
voyoient de bien plus haut les besoins de la
famille, ceux de l'individu (2).

Elle n'était donc pas la bergère de nos jours,
cette servante subalterne, mal tenue, sentant
l'ail, plus crottée que ses moutons, uniquement choisie pour faire fuir le loup; elle n'était

---

(1) Prov. xxii, 6.

(2) *Vie de Saincte Geneviève,* par un des religieux
chanoines. etc., ch. xvii.

pas davantage le type enrubanné de Théocrite,
de Florian, de Watteau, dont l'exemplaire
suprême a disparu dans le troisième-dessous
de l'Opéra. La bergère de Nanterre ne tenait
la houlette ni avec des mains trop calleuses,
ni avec des gants parfumés.

Il s'en fallait que les habitants des Gaules
fussent alors un peuple-pasteur ; mais comme
jamais l'agriculture, science première nour-
rissant les autres, n'avait cessé d'être honorée
chez eux, on y confiait bien moins que de nos
jours l'élève du bétail à des mains mercenaires.
Le rôle de leur berger ne consistait pas
tout entier à parquer ses moutons dans une
terre de labour, ou à les suivre en libre pâtu-
rage, et à les compter avec soin en rentrant à
la bergerie, moyennant un salaire médiocre :
il était l'homme du troupeau, mais il n'en faisait
pas partie. C'est alors l'éleveur lui-même, le
propriétaire du bétail, qui le plus souvent était
pâtre, à ses propres risques et périls, sans
spéculer sur une grande échelle ; à défaut de
lui-même il commettait plus volontiers son fils
ou sa fille qu'un étranger, à la conservation
encore plus qu'à la garde de son troupeau. Est-
ce que le chef de la famille bêlante n'avait pas

beaucoup plus à faire comme maître que comme
serf ? A lui seul incombaient les soins minutieux
à prendre dans l'agnèlement, puis dans l'allaite-
ment, pour les sujets femelles ! Tantôt une jambe
cassée était à remettre, tantôt une plaie à sonder, ou un dépôt mûr à ouvrir. Il y avait à pré-
venir les maladies communes, telles que le
tournis, tout en parant aux accidents, et les
maladies contagieuses pouvaient détruire entièrement le troupeau, si l'attention du berger
était trop appliquée à observer les astres, si
la bergère prenait les heures du jour trop
volontiers pour celle du berger.

Ces pâtres n'en avaient pas moins tout
l'esprit qu'il fallait pour n'être pas confondus
avec les bergers d'Arcadie, stygmatisés par Juvénal d'un *Nil salit Arcadico juveni.* Tous les
pâtres sont un peu médecins, malgré eux comme Sganarelle, mais parce que leur état les y
pousse, et n'en voyons-nous pas encore, en ce
temps-ci, qui entreprennent des cures malgré
les médecins et la justice ? Seulement il pouvait y avoir, à l'époque dont nous parlons, des
pâtres un peu moins ignorants que certains
médecins d'aujourd'hui. La médecine était,
dans les Gaules, au déclin de l'Empire, la base

de toute instruction, et la vie pastorale était loin d'en exclure l'étude. Le nom des sept sages de la Grèce était chez nous moins populaire que ceux des Esculape, des Machaon, des Pæon, des Podalyrius, des Chiron, des Melampus, des Hippocrate, des Galien. Au fait, lorsque les sociétés se sentent faillir, s'abîment, que deviennent les questions élevées de la littérature, de la philosophie? elles tombent dans le mépris, et sur quoi se rejettent avec moins d'effort les études? sur ce que la science a d'exact. L'art de guérir, bien que les druides en eussent fait une réunion de pratiques empiriques et superstitieuses, était l'application alors de toutes les connaissances et leur but encyclopédique. Ajoutons que la ville des Parisiens était déjà un centre médical; que souvent des malades y étaient exposés sur la voie publique, afin que les passants instruits donnassent leur avis en cas d'incertitude. C'était bien l'enfance de la science; mais elle avait fait quelques pas lors des conférences d'Oribase, tenues à Lutèce même sous Julien-l'Apostat (1), et lorsque des lectures publiques

____

(1) Voyez *Oribasi medicinalum collectorum præfatio*, lib. 1, p. 203.

y avaient fait connaître le livre Τετραβίβλος (1), écrit par Aétius, médecin du IVe siècle.

Germain-l'Auxerrois, qui avait étudié dans les meilleures écoles des Gaules, en était revenu avec des connaissances suffisantes en médecine pour rendre de très-grands services. Il avait des idées évidemment très-avancées, et sur l'application des notions médicales à l'hygiène publique et sur les différentes manières de combattre les maladies, de faire cesser les troubles, les difficultés innombrables qui mettent la vie en péril; mais on attribuait fréquemment à la grâce des résultats obtenus par ses soins, et qu'expliquerait depuis lors un progrès accompli dans la science. Quand la ville d'Auxerre, par exemple, avait eu à souffrir de la maladie contagieuse affligeant tous les habitants d'une sorte d'esquinancie, un système thérapeutique jusque-là inconnu avait su les guérir, et la reconnaissance publique n'en était pas moins due à leur évêque : le génie est un don de Dieu, et il tient déjà du miracle! Combien d'autres cures merveilleuses avaient montré l'intervention

---

(2) Ouvrage qui a été traduit en latin par Cornuarius. Paris, 1567.

divine couronnant l'œuvre du savant! (1) Grand
médecin de l'âme et du corps, l'Auxerrois avait
engagé sa protégée, la bergère de Nanterre,
par des conseils, par la force de l'exemple, à le
suivre aussi dans cette voie.

En gardant les brebis de son père, Geneviève
formait son esprit par l'étude. A cette époque
de sa vie se rapporte l'acquisition de connaissances en physique, en botanique et en astro-
nomie : la sagesse fuit l'oisiveté! A combattre
la clavelée et les autres maladies de ses bêtes à
laine, la bergère ne borna pas son empire sur le
mal, qui affectait autrement ses semblables.
S'étant appris à connaître les simples, elle en
faisait une moisson quotidienne au profit des
malades pauvres ; ceux-ci la virent à leur
chevet, et bientôt, l'expérience aidant, elle
put donner des conseils, panser une blessure,
ramener le sommeil, compter avec la fièvre,
fortifier l'enfance, adoucir l'agonie. Les occupations journalières de la bergère étaient loin,
au surplus, de détourner son attention des
mystères qui s'attachent aux fonctions de la ma-

____

(1) Lefeuve, *Hist. de saint Germain-l'Auxerrois*,
ch. VII.

tière organisée et au passage de l'état sain à l'état morbide. Quoi d'étonnant à ce qu'elle fut consultée, dans le parc de ses blancs moutons, par des malades venus des environs, que sa charité ingénieuse aidait en outre à se guérir chez eux, dans un temps où un pâtissier recrutait des pratiques à Lyon, en guérissant gratis les catharrhes et les saignements du nez (1)?

Mais à peine la jeune fille eut elle soulevé le voile de la science, et fait preuve d'une intelligence à la hauteur de ses vertus, la jalousie leva la tête. Comme il était de tradition, principalement dans les campagnes, que les gens qui avaient vécu fussent les seuls dépositaires de la science et des connaissances, à cause de la rareté des livres, les barbons de se récrier : une autorité imprévue minait la leur; cette influence improvisée tendait à bouleverser, dans le village, la hiérarchie, subordination d'âge, de laquelle procédaient des influences tenaces. Le premier bien semé par Geneviève, à côté du champ paternel, lui faisait récolter déjà la malveillance. Il est vrai que deux races

---

(1) P. Rastard, *De aliquot*, etc., p. 430.

se trouvaient en présence, à Nanterre aussi bien qu'ailleurs, et que des revirements d'indépendance y étaient naturels de la part des Gaulois, tenant aux traditions que l'autre race éludait sans scrupule : Geneviève était regardée, à cause de son nom, comme de la nouvelle.

Géronce elle-même, femme d'un caractère simple, accessible aux mauvais conseils, en vint à oublier les paroles prophétiques de saint Germain. Cette mère, qui n'avait dirigé son enfant que dans les premiers pas de son éducation, trouva gênant, trouva pénible de rester elle-même en arrière. D'autres aspirations entrainaient en effet Geneviève vers une sphère supérieure. Mais qui s'en fût douté ? personne, à n'en juger que d'après les égards constamment respectueux et affectueux de la fille pour la mère. Si celle-ci avait perdu en quelque chose ses habitudes de commandement sur l'âme virginale, sur l'intelligence pure de l'autre, cela s'était passé insensiblement, on ne sait comme. Il y avait pourtant, là aussi, des mouvements de réaction pour l'autorité amoindrie : le foyer domestique s'en attristait, faisant sécher des larmes.

Pour comble, un certain jour de fête, comme

le rapporte Pierre le juge, « Géronce, mère de
« la pucelle, voulant aller au sainct service,
« commanda à sa fille de garder la maison, ne
« considérant la vocation à laquelle Dieu l'avoit
« appelée, qui fut cause que la pucelle inspirée
« secrettement de Dieu, et préposant l'amour
« d'icelui à la volonté particulière de sa mère,
« luy respondit avec une prudence surpassant
« son aage, Qu'elle desiroit accomplir la pro-
« messe qu'elle avoit faicte aux saincts éves-
« ques, laquelle estoit de servir à Dieu, et se
« vouer du tout à luy, par quoy ce seroit chose
« ridicule et indécente, qu'en ce jour de feste,
« lorsque les autres seroient au service divin,
« elle n'y assistast pas (1). »

Quelque travail, ce jour-là, pressait dans
le ménage, et Géronce chargeait Geneviève d'y
vaquer, en reprenant ainsi le pas sur elle dans
la maison, et de plus à l'église. Les compagnes
de la jeune fille, toutes habillées de blanc,
lui avaient reservé pour entendre la messe sa
place habituelle; mais cette place allait demeurer vacante, si Géronce restait intraitable. La
fille, avant de se résoudre à reprendre par

____

. ( ) *Hist. de Saincte Geneviève,* par Pierre le Juge.
liv. I, ch. II.

soumission les habits quittés du travail, essaya de fléchir la mère, qui se mettait cette fois entre elle et Dieu. Géronce, dans son impatience, lui répondit alors par un soufflet.

La main partait à peine, que Géronce elle-même voulut la retenir ; mais il était déjà trop tard. Elle chercha à relever sa fille, qui embrassait encore ses genoux, en y laissant tomber de nouveaux pleurs, mais qui n'adressait plus, victime resignée, de prière qu'à Dieu. — « De « grâce, s'écriait Géronce, ne t'en va pas, et par-« donne à ta mère, qui n'a rien à te pardonner.

— « Je suis là, répondit Geneviève, et j'o-« béis. Allez à l'église pour nous deux.

— « Mais alors, mon enfant, reprit la mère, « en se frottant les yeux, le ciel a puni la ma-« râtre, il a laissé tomber entre elle et toi le « plus épais de ses nuages. »

L'irritation nerveuse de la malheureuse femme avait fait descendre, il est vrai, sur ses paupières un bandeau assez dense pour s'opposer à l'entrée des rayons lumineux dans les organes de la vue, en privant la rétine de sensibilité. Geneviève n'avait plus pour mère qu'une aveugle. Terrible châtiment, en effet,

mais qui ouvrait à tout jamais *les yeux de l'âme*
à l'épouse de Sévère !

L'histoire nous apprend qu'à ce prix la maison de Sévère rentra, après maintes bourrasques, dans ce que les marins appellent un
calme plat, et que Géronce, ayant besoin trop
tôt de recourir au bâton de vieillesse, trouva
le meilleur dans sa fille. Celle-ci se multipliait
pour y suffire, sans négliger ses devoirs religieux, les pratiques de sa charité, et sans oublier son troupeau. Ses paroles avenantes ra-
menaient sur les lèvres de l'aveugle un sourire,
que les siennes avaient désappris depuis l'évé-
nement fatal dont elle s'accusait en secret,
et la mère, ne soupçonnant rien de sa tristesse,
s'accoutumait à ne plus jamais voir que par
des yeux si jeunes, si éveillés.

Il s'était écoulé ainsi vingt et un mois depuis que Geneviève remplaçait notre aveugle
dans tous les travaux du ménage, lorsque s'o-
péra par miracle la guérison de cette cécité.
La bergère toute seule en avait entrepris la
cure ; mais une crise des plus naturelles avait
dû se produire, à l'âge qu'avait Géronce, aidant à déchirer le voile qu'une émotion vio-
lente avait tendu sur ses paupières. En tous

cas la grâce s'en mêla. Le seul point sur lequel s'arrêta le peuple, c'est que les yeux de la bonne femme ne s'éclairèrent tout à fait qu'après avoir été baignés d'eau toute fraîche, dernier topique. Et d'où venait cette eau? du puits qui garnissait la cour de la maison de Sévère, puits qui fut réputé dès lors miraculeux, et pendant de longs siècles mis à contribution pour la guérison des maux d'yeux !

Et que de joie pour la jeune fille ! D'autres misères la touchant de moins près s'en ressentirent sur-le-champ, car elle s'éprenait d'une pitié facile, elle s'ingéniait à secourir, elle consolait avec délices, et son âge était démenti par la maturité précoce de son jugement. C'était la fille de tous ceux qui souffraient; mais Sévère et Géronce n'avaient pas à être jaloux, puisqu'elle rentrait ange au foyer.

L'un et l'autre consentirent à ce qu'elle accomplît la promesse faite à Germain. La fiancée du Seigneur avait persévéré dans les vœux qui appelaient une consécration. Ses parents la conduisirent donc devant l'évêque de Paris ou de Chartres : l'église de Paris avait pour chef en ce temps-là Félix ; celle de Chartres, Julicus ou Palladius. Géronce, en paysanne cau-

scuse, entreprit ce prélat, lui détailla longue-
ment toutes les particularités qui avaient
signalé l'enfance de Geneviève. L'évêque,
dit ici un biographe, « qui n'étoit pas si
« loin des bors de Seine que ces choses ne
« fussent aisément parvenues jusques à luy,
« prenoit néanmoins un singulier plaisir à
« ouïr la bonne femme qui s'échaufoit en ce
« discours et n'en pouvoit quasi sortir (1). »
Deux vierges déjà consacrées accompagnaient
Geneviève, selon l'usage, dans cette circonstance solennelle; l'une d'elles n'était autre que
sainte Alde. De même que Jacob avait été
préféré à Esaü, et ensuite Éphraïm, le plus
jeune des enfants de Joseph, à Manassé, l'aîné
de tous (2), de même la fille de Sévère, dans
le courant de la cérémonie, fut proposée comme
modèle, par l'évêque, à Alde, ainsi qu'à sa
compagne, malgré la priorité d'âge qui avan-
tageait ces dernières. La néophyte pouvait
n'avoir que quatorze ans.

---

(1) *Vie de Saincte Geneviève*, par un des religieux
chanoiucs, etc., ch. v.

(2) *Genes.*, 27, 48.

Il n'en est pas moins vrai que personne, jusqu'à présent, n'a donné bien rationnellement une date à cette prise de voile. Ces sortes de cérémonies d'ordinaire se célébraient ou le jour de l'Épiphanie, ou bien celui de la seconde fête de Pâques ; mais quelquefois, à ce qu'il semble, elles se passaient aussi le jour de Noël, le pape Liberius ayant donné le voile à cette époque, dans l'église du Vatican, à sainte Marceline, la sœur de saint Ambroise de Milan (1).

Les jeunes filles consacrées à Dieu de cette manière faisaient surtout vœu de virginité, et leur prise de voile était absolument comme un mariage contracté avec l'Époux divin. Les canons voulaient que les veuves fussent les seules à faire un vœu public sans pompe, dans la pénombre de la sacristie. A l'égard des jeunes filles, aucune restriction, le grand jour, une fête chrétienne, convocation du peuple d'alentour, des parfums dans l'église, des tentures, des fleurs, des cantiques !

Les idées relatives à la virginité et à la continence étaient en train de faire un grand pro-

____

(1) S. Pacilius, *in Vita S. Ambrosii.*

grès, éminemment chrétien. Bien que chez
les Romains le culte de la divinité eût passé
de tout temps pour exiger beaucoup d'innocence et une inviolable pureté de mœurs (1),
les vestales n'avaient pas été du tout les sœurs
aînées des vierges consacrées par nos premiers évêques. Une pureté intacte avait été
obligatoire pour les prêtresses de Vesta, mais
la moindre infraction les avait toujours ex-
posées à être enterrées vives ou pour le
moins *cæsæ flagro* : cette sanction pénale de la
règle ôtait toute valeur à la foi du serment.
Bien que chez les Juifs certaines veuves
affligées se fussent promis de vivre chastes
et continentes (2), l'opprobre s'attachait à
toute jeune Israélite qui ne s'engageait pas
dans les liens du mariage, témoin la fille de
Jephté, qui s'en était allée dans les montagnes
déplorer cette ignominie (3). La signification

---

(1) Tull. Cicero, *de Nat. deor.*, lib. II, cap. XXVIII.

(2) La prophétesse Anne, veuve très-âgée, était
louée pour sa continence. *Genes.* cap II. v. 36.

(3) *Genes.*, cap. II v. 50.

même, l'attribution de la prise de voile avait entièrement changé, particularité assez notable : le voile était devenu sur le front des chrétiennes un symbole religieux et essentiellement virginal, tandis que Rebecca, qui n'était connue d'aucun homme, n'avait songé jadis à se couvrir le front qu'à la vue d'Isaac, son époux (1), et que le mot latin *nubere, se voiler*, voulait dire aussi *se montrer nubile*.

Les vierges consacrées des premiers siècles de l'Église n'étaient pas plus obligées de se cloîtrer en orient qu'en occident. Nous apprenons de Rosinus que celles qui appartenaient à la nation belliqueuse des Saliens, si elles n'osaient pas, à l'exemple des Africaines, désigner leur état en portant la mitre de pourpre, avaient au moins une manière de casque et un accoutrement de guerre (2). Dans les Gaules romaines, au contraire, elles revêtaient une tunique de laine brune et un manteau noir, uniforme peu dispendieux. Par exemple, il est surprenant que sous ce costume simple et

(1) *Genes.*, cap. XXIV, v. 65.

(2) Rosinus, *Antiquitatum Roman*, lib. III, cap. XX.

triste, elles aient été aussi attentives que le remarque Tertullien à s'établir une coiffure gra-
cieuse, à consulter les miroirs de métal, à jeter
le manteau coquettement sur leur épaule, à se
chausser avec délicatesse, à fréquenter les
bains, etc. (1). Elles étaient donc à la fois du
siècle et du désert, et elles restaient femmes,
ne sachant aucune raison pour rompre en vi-
sière aux convenances et négliger dans l'habillement le maintien de leur dignité, les conseils du bon goût, de la raison, de l'amour-
propre, le tout entendu comme il faut.

Elles étaient surtout des sœurs de charité,
et à ce point de vue leur prise de voile avait
le caractère d'une véritable émancipation.
Amantes, épouses, mères de famille, elles
eussent forcément autorisé quelqu'un à se

---

(1) *Vertunt capillum, et in acu lasciviore comam
sibi inserunt, crinibus a fronte divisis apertam
professæ mulieritatem. Jam et consilium formæ a
speculo petunt, et faciem morosiorem lavacro ma-
cerant, forsitan et aliquo eam medicamine interpo-
lant, pallium extrinsecùs jactant, calceum stipant
multiformem, plus iustrumenti ad balneas deferunt.
(Tertulliani,* de Virginibus velandis, cap. XII.

faire rendre compte de l'emploi de leur temps;
de là aucun mandat sérieux si elles ne remplis-
saient par vocation la condition de la virginité.
Assez d'autres Franc-Saliennes, assez de Gallo-
Romaines donnaient l'exemple d'une facilité,
d'une fécondité favorables à l'unification des
deux races : ici la règle justifiait l'exception.

Aussi bien l'apôtre avait dit : « Heureux les
« cœurs purs, parce qu'ils verront Dieu (1)! »
Les nouveaux platoniciens ne soutenaient-ils
pas eux-mêmes la nécessité de la continence
et des mortifications pour une âme qui s'ente
sur Dieu? Contre-partie du célibat des prêtres,
que protégeait leur caractère de ministres de la
religion, le célibat des femmes ne se contentait
pas d'être un moyen de sanctification, il touchait le but à lui seul. Le type le plus spécial
de la pureté devait être fille d'Ève : extrême
conséquence de l'œuvre de la Rédemption.
L'amour de Dieu empruntait, il est vrai, dans
les prières de la vierge chrétienne, des paroles
à l'amour profane; celui-ci, qu'honorait infiniment l'emprunt, y gagnait de pouvoir rêver la

_____

(1) S. Matthæus, c. v. v. 8.

perfection, et que l'ange eut conquis sa place à tout jamais dans une comparaison dont l'autre terme était la femme.

« Mais on comptait pour rien la virginité, « dit l'abbé Fleury, si elle n'était soutenue par « la mortification, le silence, la retraite, la « pauvreté, le travail, les jeûnes, les veilles, « les oraisons(1).» Embrasser la vie religieuse, c'était prêter entre les mains de Dieu le serment de s'assujétir à la pauvreté et de faire le plus de bien possible, en pratiquant la chasteté. Cependant (n'exagérons rien) l'esprit du quatrième canon des Apôtres, (al. 52), venait s'interposer entre le contractant et les abus d'austérité, excommuniant d'emblée tout ecclésiastique ou laïque qui se fût abstenu du mariage, du vin, de la bonne chère, par horreur ou en haine de la création, et non par mortification (2).

Que si nous consultons le raisonneur saint Antonin, nous distinguerons avec lui le vœu

---

(1) *Mœurs des Chrétiens*, ch. 26.

(2) L'abbé Bergier. *Dict. de Théol.*, t. VI I, p. 335, 2ᵉ édition.

simple du solennel ; nous saurons « que l'É-
« glise pouvant, quant à Dieu, dispenser du
« premier, elle peut aussi dispenser de l'autre ;
« que celui-ci tenant de l'autorité de l'Église
« les effets particuliers qu'il produit au dehors,
« il est clair que la même autorité peut faire
« cesser ces effets. » Il est à observer, en
outre, que le concile de Chalcédoine (1), célébré l'an 454, n'avait pas encore déclaré que
ceux qui avaient fait profession religieuse, soit
homme, soit femme, ue se pouvaient marier de
leur vie (2) : décision synodale soumettant le
coupable aux peines canoniques, c'est vrai,
mais laissant à l'évêque la faculté d'en dispenser. Il y a plus, l'antériorité des vœux publics
n'annulait pas en ce temps-là l'union qui était
contractée depuis leur émission. Saint Innocent I, au commencement du Ve siècle, avait
écrit à saint Victrice, prélat de Rouen, afin

----

(1) Par. II, tit. 2.

(2) *Si qua virgo se dedicavit Deo, similiter mona-
chus, uon licet eis uuptiis jungi*, telle est la te-
neur du canon. On peut voir du reste le *Rép. de
Jurisp.* de Guyot, t. XVII, p. 596.

qu'il n'admît pas à la pénitence publique certaine religieuse qui, après s'être vouée à Dieu,
s'était mariée, à moins pourtant que son mari
ne fût mort (1) : cette mesure était utile en ce
que ceux ou celles que l'Église tenait en pénitence publique devaient vivre en état de continence jusqu'à l'absolution, et que saint Innocent ne croyait pas devoir priver le mari, tiers
intéressé, d'un droit qu'il avait bien acquis par
son légitime mariage. Il n'est jusqu'à saint
Augustin qui n'ait condamné de son temps ceux
qui prétendaient voir dans l'union contractée
par les religieux ou religieuses un adultère
plutôt qu'un mariage : contraindre de tels dé-
serteurs à reprendre un état dont ils ne voulaient plus, c'eût été à son sens une monstruo-
sité logique, puisqu'il eût été indispensable
d'autoriser après ce coup la femme ou le mari restant, à entrer dans de nouveaux liens (2).

---

(1) *Rép. de Jurisp.*, de Guyot, t. XVII, p. 596.

(2) S. Aug., *De bono viduitatis*, cap. x.

CHAPITRE IV.

Sainte Geneviève chez sa marraine.

Cependant la même tombe s'ouvrit à deux
reprises, qui étaient peu distantes l'une de l'autre, pour recevoir et Sévère et Géronce. La
première de ces pertes mit en deuil la maison
que la seconde ferma tout à fait. Geneviève,
coup sur coup frappée d'une douleur qui se faisait écho à elle-même, l'entend retentir dans
cet immense vide nommé par quelques-uns la
liberté. Nanterre perdit, par contre coup, la servante de ses pauvres, le modèle de ses jeunes
filles, l'intéressante bergère qui avait frayé
tous les sentiers de la montagne voisine, et

l'ouvrière la plus infatigable , « sa riche bague,
« ainsi qu'on a dit, son précieux joyau surpas-
« sant en vertu et excellence l'émeraude de
« Scythie, l'onyx de l'Arabie, l'achate de Sicile,
« le hyacinthe d'Éthiopie, le saphir de Mède,
« le diamant des Indes, le jaspe, le ruby, la
« marguerite, le beril et tous autres qui se
« pourroient nommer (1). »

L'orpheline fut recueillie par sa marraine,
honnête Parisienne qui n'était pas beaucoup
plus riche que sa filleule, et dont le nom n'a pas
même survécu : preuve de plus que la médiocrité,
à Paris, c'est l'obscurité ! Quant à ceux qui ont
vu dans cette protectrice officieuse la tutrice de
Geneviève, le droit nous autorise à les accuser
d'hérésie. Le fait est que les codes encore en
vigueur s'exprimaient sans ambiguïté , sous les
rubriques *curatelle*, *tutelle*. Aux termes de la
loi des Douze Tables, il était impossible que
l'une ou l'autre de ces charges, exigeant l'exercice plein et entier des droits civils , fût rem-

---

(1) *Histoire de Ste Genev*, par Pierre le Juge, l. I,
c. II.

plic par une femme (1) ; seulement la mère ou
l'aïeule survivante pouvait, à défaut d'une om-
mination testamentaire, être commise juridi-
quement à l'administration du patrimoine d'un
mineur, encore fallait-il pour cela un rescrit
explicite du prince (2). Les constitutions des
empereurs s'étaient bornées à ajouter que la
mère et l'aïeule ne seraient tutrices légitimes
qu'en renonçant d'avance au sénatus-consulte
velléien et aux secondes noces (3). Des mar-
raines chrétiennes, pas un mot. Au reste il
faut admettre, de nécessité absolue, ou que
Sévère et Géronce laissaient des créanciers
jusqu'à concurrence de la valeur de leurs biens,
ou qu'ils ne possédaient rien en propre. Le
silence complet de l'historien latin à cet égard
ne laisse le choix qu'entre ces deux données
hypothétiques,

---

(1) « Tutelam administrare virile munus est, et
ultra sexum femineæ infirmitatis tale officium est, »
dit la loi 1, C. *Quandò mulier tutelæ officio fungi
potest.*

(2) L. ult. D. *de Tutelis.*

(3) Voyez les lois 2 et 3, C. *Quandò*, etc., et les
Authentiques placées sous le même titre.

Que si les agiographes commmentateurs eussent simplement indiqué que la bienfaisante Parisienne avait pu devenir une mère adoptive pour sa filleule, *filia spiritualis*, du moins ils ne fussent pas sortis des limites du possible. L'empereur Justinien lui-même, en son époque, n'osa pas interdire totalement aux femmes l'exercice légal du vieux droit d'adoption : « Les « femmes, telle encore la décision de ce grand « législateur, ne peuvent adopter, puisqu'elles « n'ont pas même en leur puissance leurs en- « fants naturels ; mais une ordonnance du sou- « verain les autorise à adopter ceux qui doi- « vent remplacer les enfants qu'elles ont per- « dus (1). » Cette bonne dame de Paris avait évidemment de la piété, point de départ de toutes les vertus ; la mort d'un fils ou d'une fille, pouvait la mettre à même d'obtenir l'autorisation d'adopter. En attachant plus étroi-

---

(1) « Feminæ quoque adoptare non possunt, quia nec naturales liberos in potestate sua habent ; sed ex indulgentiâ principis ad solatium liberorum amissorum adoptare possunt. » *Institutiones*, titulus XI, part. 10.

tement à elle cette orpheline de Nanterre, dont
l'auréole virginale était l'aurore de la sainte
auréole, n'attirait-elle pas sur sa maison les
bénédictions qui jadis avaient plu sur celle de
Laban dès que Jacob y avait demeuré (1)?

Mais il faut mériter la protection du ciel en
subissant plus d'une épreuve. Geneviève, à
peine chez sa marraine, tomba malade. Les
chagrins qu'elle y apportait de son village n'é-
taient pas faits, au reste, pour préserver sa
santé d'une altération. La nouvelle vie sédentaire qui succédait pour elle aux occupations
de la campagne, l'influence de l'humidité dont
était imprégnée l'atmosphère épaisse de la ville,
l'étroitesse de l'habitation, tout cela concour-
rait sans doute à affaiblir son tempérament lym-
phatique, et puis enfin, comme chacun le sait,
la fleur de l'âge a ses épines.

La nature délicate de la transfuge de Nanterre était aux prises avec une affection que
la pudeur des femmes n'a jamais réussi à
désigner par des périphrases plus pudiques
que le mot propre : la chlorose (1). D'ordinaire

---

(1) *Genes.*, 30.

(2) De χλωρὸς, qui veut dire *pâleur*, couleur jaune,
couleur verte.

la chlorose est caractérisée non-seulement par la dépravation des fonctions digestives, la gêne de la respiration, des lasssitudes générales, symptôme de l'aménorrhée, mais encore et principalement par la pâleur mate du visage. Pierre le Juge insiste fort bien sur ce que la malade « avait encore bien peu de couleur « aux joues (1). »

Quel ennemi plus formidable qu'une nature impressionnable, quand elle s'insurge contre l'esprit, son maître ! Cette espèce de duel sans témoins répugne à des arrangements : il faut de toute nécessité qu'un champion l'emporte sur l'autre. Quelquefois, il est vrai, grâce aux atermoiements, grâce à des trèves, la bataille dégénère en campagne d'escarmouches. Mais ici le rebelle, armé de pied en cap, sait qu'il n'a plus à livrer qu'un combat, et la lutte se prolonge inexorablement jusqu'à ce que la main, ayant perdu la force d'égratigner le cœur, ne le sente presque plus battre. Grande crise, dont l'issue paraît être la mort ! Déjà les yeux

____

(1) *Hist. de Ste Genev.*, par Pierre le Juge, l. I, ch. III.

de la malade s'éteignent, déjà ses membres se roidissent, et on dirait que ses lèvres arides, brulées par une soif qu'aucun liquide n'étanche, ont fini de se desserrer pour prier Dieu, comme ses deux mains de se joindre.

Mais non, non, le sommeil qui engourdit ses sens n'est pas le repos éternel. Une vision qui descend du ciel, pareille à celle qui a doublé les forces de saint Etienne au milieu des bourreaux (1), se substitue aux chimères dont la fièvre peuple le sommeil des malades. Le toit de la maison hospitalière de sa marraine s'est entr'ouvert pour Geneviève; un ange, qui lui apparaît à travers des flots de lumière, vient la prendre et l'emporte jusqu'aux marches du trône où siège l'Eternel. La majesté de ce spectacle arrache un cri d'admiration à la malade, que réveille en sursaut cet éclat de sa propre voix. Pour ressaisir la vision qui n'est plus, elle étend hors du lit deux bras, dont la paralysie a disparu.

La marraine de Geneviève est là pour se réjouir de cette guérison. Mais rien, que nous

---

(1) *Act.*, cap. 7.

sachions, ne détermine l'époque où l'une et l'autre cesseront de vivre ensemble. Il est probable que leur séparation suivra seulement la mort de la marraine.

On croit que toutes deux ont encore leur habitation sous le même toit, à l'époque ou l'Eglise pour la seconde fois se préoccupe des troubles suscités dans la Grande-Bretagne par la question pélagienne. De nouveau les prélats de l'île prient avec tant d'instance l'évêque Germain-l'Auxerrois de leur venir en aide, que ce légat du pape se remet en route, ainsi que le rapporte le vénérable Bède dans son *Histoire d'Angleterre* (1). Germain, cette fois, a pour

---

(1) « *Nec multo post interposito tempore, nuntiatur ex eâdem insulá pelagianam perversitatem iteratò paucis authoribus dilatari : rursusque ad beatissimum virum preces sacerdotum omnium deferuntur, ut causam Dei, quam priùs obtinuerat, tueretur. Adjuncto sibi Severo totius sanctitatis viro (qui erat discipulus beatissimi Patris Lupi Trecassenorum episcopi, et tunc Treveris ordinatus episcopus, gentibus primæ Germaniæ verbum Dei prædicabat) mare conscendit.* » Beda *Hist. gen. Angl.*, lib. I. cap. XXI.

compagnon de voyage le disciple à défaut du maître, Sévère évêque de Trèves, à la place de saint Loup de Troyes, engagé en quelque autre affaire. Paris n'en est pas moins sur le chemin des deux prélats.

La foule qui les reçoit à l'entrée de la ville n'est que la partie désœuvrée d'une population composée d'éléments plus divers encore que de nos jours. L'Auxerrois y retrouve d'anciens soldats qu'il a eus sous ses ordres quand il servait l'Empire. Mais pour une figure de connaissance, combien d'autres étrangères! Les serfs attachés à la glèbe ne sont pas nombreux dans les villes ; en revanche y affluent les lites, ces domestiques volontaires, les affranchis, ces esclaves de la veille, et les hommes tout-à-fait libres y sont plus rares à une époque où la propriété foncière et les emplois publics assurent presque seuls l'indépendance individuelle. Déjà Paris est la ville des marchands étrangers, des riches et des curieux : aujourd'hui deux évêques attirent les regards, comme hier un préfet, et demain un baladin.

Multitude cosmopolite, qu'on a eu toujours tort de prendre pour un peuple, cette flatterie la mettant trop en goût d'adulations nouvelles

et de mensonges! Qui contentera jamais Paris?
Tenez-lui le plus beau discours, il en aura
pour tout un jour de gratitude et d'enthousiasme à se glorifier dans votre œuvre; mais
il en concluera bien vîte que vous êtes sa propre chose, un outil de son bon plaisir, un
rouage engrené par son omnipotence. Si, au
contraire, vous gardez le silence, si vous n'en-
censez pas l'idole, votre compte est fait tout de
suite par l'indifférence et l'oubli; mais ce n'é-
tait qu'une question de temps.

Le discours d'apparat qu'attendaient les curieux, l'Auxerrois ne le prononce pas. A quoi
pense le grand évêque de montrer aussi peu
d'égards à ce ramassis d'étrangers, qui lui
font les honneurs d'une ville impériale? Dès
qu'il ouvre la bouche, c'est pour demander des
nouvelles de la jeune bergère de Nanterre, car
selon l'expression du bénédictin George Viole,
« il estime plus Geneviefve que tout Paris (1)»

Le prélat adresse à tout le monde cette question . — « Que fait-elle, et comment vit-elle? »

Vif désappointement pour la foule, qui s'in-

---

(1) *Vie de S. Germain, évesque d'Aucerre*, ch. XVI

clinait pour que l'évêque rampât! Déjà Mercier reconnaîtrait en elle la *bête hurlante et malhonnête* à laquelle, beaucoup plus tard, il ne redoutera pas de comparer la cohue parisienne (1). Comment va-t-elle se venger d'une préférence qu'elle ne pardonne pas? De ver de terre, elle se fait serpent, et la calomnie siffle avec aigreur. — L'évêque nous la donne belle, dit « l'un, avec sa jeune fille timide, sainte, « charitable, épouse du Seigneur, ennemie « des plaisirs vulgaires : il y a longtemps « qu'elle est loin ! » — Oh! l'admirable vierge, « s'écrie l'autre, qui par son extérieur décent « sait attirer à elle l'attention, le respect, « mais qui au fond, magicienne infernale, « lâche la bride sans pudeur à ses inclina- « tions vicieuses, et se répand en maléfices ! Mensonges outrageants, qui pour un moment font fortune dans l'opinion versatile de ce peuple ! Mais l'Auxerrois de passer outre.

Au lieu de se donner plus longtemps en spectacle, au lieu d'attendre l'arrivée du cler-

---

(1) *Tableaux de Paris*, t. 1, p. 15.

gé qui vient au-devant du légat (1), il se dirige
tout droit vers la demeure de Geneviève et de
sa marraine. On le suit, et on voit qu'il salue
le premier, avec une déférence réparatrice,
une femme lâchement calomniée. C'est qu'il a
suffi d'un coup d'œil au saint homme pour interroger, en inquisiteur clairvoyant, et d'un
regard rendu par la sainte fille pour réfuter
d'infâmes accusations, pour justifier d'une can-
deur sans égale. La conviction infaillible du
juge passe aussitôt dans l'esprit de la plupart
des témoins aux yeux desquels une telle satisfaction ne laisse plus rien subsister de l'injure.
Le moyen qu'un tel homme, si juste et si instruit,
soit le complaisant ou la dupe d'une hypocrite !
La dignité invulnérable de l'un ne sert-elle pas
de caution suffisante à l'innocence immaculée
de l'autre ?

Ceux qui ont pénétré dans la maison assistent avec émotion à l'entrevue de l'évêque
consolateur avec sa protégée en pleurs. Mais

____

(2) Les évêques, aujourd'hui encore prêtent serment
« de traiter avec honneur le légat du siége apostoli-
« que dans ses voyages, et de le secourir en ses
nécessités. »

tout le monde n'y a pas trouvé place. C'est
pourquoi l'Auxerrois, sans quitter le seuil de
Geneviève, se retourne du côté du peuple,
et lui adresse de si touchantes paroles qu'elles
finissent par gagner le cœur des auteurs mêmes
de la calomnie. Le pieux orateur leur a tiré
des larmes en leur montrant le plancher du
logis mouillée de celles de l'innocence.

L'apôtre n'a pas tort de dire que « toutes
« choses tournent à bien du moment qu'on
« craint le Seigneur (1). » Faire le même honneur aux méchants, redouter leurs atteintes,
c'est encore plus utile au point de vue du
monde, car Dieu seul sait lire couramment
dans la conscience de celui qu'on accuse. Au
surplus le peuple, lui aussi, éprouve volontiers
les réputations qui s'élèvent : il les essaie avant
d'y croire, il les met en péril afin d'être ému,
l'égoïste, et de les juger, l'ingénieux ; sa pierre
de touche, en pareille matière, est parfois la
la chanson, plus souvent le murmure, et enfin
le scandale, pourvu que le sujet en vaille la
peine, et s'il en est indigne, l'oubli. Répétons

----

(1) *Rom.*, VIII, 28.

donc, sans crainte, le mot de saint Matthieu :
« Il est indispensable que les scandales et les
« désordres arrivent (1). »

L'habitation de la marraine, où est-elle située?
assurément dans la Cité, bien qu'il y ait des
faubourgs en dehors de cette île, sur les deux
rives de la Seine, depuis le commencement de
l'occupation romaine. Une chapelle baptismale,
dédiée à saint Jean-Baptiste, est voisine de la
maison; cet oratoire deviendra plus tard l'église
de Saint-Germain-le-Vieux, en commémoration
d'un autre saint Germain, évêque de Paris.
Ne pas confondre cette église, sise près du
pont Saint-Michel, avec la paroisse du Louvre,
dédiée encore plus tard à saint Germain-
l'Auxerrois.

---

(1) *Matth.*, XVIII, 7.

CHAPITRE V.

Attila.

Geneviève, en quittant la Cité, transféra sa demeure sur la colline prochaine, qui dans la suite fut appelée la montagne Sainte-Geneviève; elle y fréquenta une chapelle de la Trinité, qui devint l'église Saint-Benoît, aussi une église fondée par saint Denis ou un de ses disciples sous le vocable de Saint-Étienne-des-Grecs, titre rappelant l'origine athénienne du premier évêque de Paris. La vierge n'en était que plus près du palais des Thermes, appartenant encore de droit à l'empereur, mais qu'avait déjà pu occuper par le fait le roi des Francs, son allié.

En tous cas les nouvelles, avant de se répandre dans la cité, arrivaient au palais, et les courriers y avaient fort à faire. Que de messages y tenaient en haleine la curiosité des Parisiens, qui n'allaient pas tarder à donner à leur tour plus de nouvelles qu'ils n'en recevraient !

Un bruit surtout se répandit, qui frappait de stupeur la population parisienne. Les Huns, maîtres de l'Illyrie et de la Haute Mésie, se préparaient à repasser le Rhin, et pour cette fois Attila disposait de forces gigantesques.

L'armée de ce barbare, qui comptait sous sa tente, en quelque lieu qu'il la dressât, nombre de rois parmi ses serviteurs, était composée de Ruges, de Gélons, de Basternes, de Thuringiens, de Bructères, de Francs-Ripuaires, de Marcomans, de Suèves, de Quades, de Hérules, de Turcilinges, de Huns proprement dits, en tout sept cent mille hommes de guerre, sans compter les esclaves, la suite. Quel enfer avait pu vomir tant de démons ?

On ne savait leur origine que par la tradition suivante : « Philimer, fils de Gandarick, « cinquième roi des Goths, après que ses sujets « eurent quitté la Scandinavie pour la Scythie, « chassa jadis de ses armées de folles femmes,

« livrées à la magie, et qui portaient le nom
« d'*Aliorumnæ*. Il les envoya toutes dans les
« déserts, et réduites qu'elles étaient à ne plus
« vivre en familiarité qu'avec les esprits de la
« nuit, elles en eurent les Huns, innombrables
« enfants chasseurs. — Un bœuf les a conduits,
« racontait une autre légende, et ils ont tra-
« versé sans crainte des fleuves à la nage,
« assis sur leurs bagages, et en tenant la queue
« de leurs chevaux, sous la conduite de Béla,
« Kème et Kadicha, Attila et Bléda, et pour se
« mettre en route de cette façon, ils étaient
« plus d'un million d'hommes choisis dans
« cent quatre-vingts tribus. » Déjà les Gaules
ne connaissaient que trop les mœurs de ces
guerriers nomades, qui enlevaient, au fort de
la mêlée, des chevelures à leurs ennemis, pour
en orner la tête de leurs chevaux. Si l'on devait
tenir conseil, chacun montait sur son coursier ;
une épée nue, teinte de sang, était traînée
autour du camp, et une femme allait derrière
en criant : « *C'est la voix de Dieu et la volonté
nationale qui ordonnent de s'armer et de venir
apprendre ce que le peuple a résolu.* »

Au demeurant, sales gens pourvu qu'on s'en

rapporte à Ammien Marcellin (1) ! Ils se meur-
trissent le visage pour empêcher la barbe d'y
apparaître ; ils laissent leur chemise pourrir et
tomber en lambeaux, sans la quitter plus qu'un
linceul ; ils mangent la chair demi-crue, à
peine mortifiée entre la selle et le dos de leurs
chevaux, et ils ont le corps disloqué à force de
passer la nuit au revers de tous les chemins,
quand ils ne dorment pas à cheval ou sur un
arbre. Il entre dans leur nature même d'être
fourbes, inconstants, cupides, cruels, envieux,
colères, sans religion, et toutefois ils jurent
par les dieux des payens, en honorant d'une
manière de culte, ainsi que le font les
Alains, un grand sabre planté en terre et dont
la lame luit au soleil. Tels sont les ennemis
dont les bateaux de guerre couvrent déjà le
Rhin.

Quant à leur chef, il est tout seul depuis le
meurtre de Bléda, son frère, et il règne sur la
Pannonie, sur la Thrace. Son nom a déjà
exercé la patience des généalogistes, car il
peut s'appeler, si bon lui semble, Ethel, fils de

-----

(1) Amm. Marcell., lib. XXXI.

Bende-Kucz, fils de Turda, fils de Siemen, fils
d'Ethé, fils d'Opos, fils de Cadicha, fils de
Bérend, fils de Sulthan, fils de Bulchu, fils de
Bolug, fils de Zambour, fils de Zamour, fils de
Leel, fils de Lévente, fils de Kulche, fils d'Om-
pud, fils de Miske, fils de Mike, fils de Bezter,
fils de Rudli, fils de Chanad, fils de Bukem,
fils de Bondoford, fils de Tarkam, fils d'Othmar,
fils de Radar, fils de Béler, fils de Kear, fils de
Kevé, fils de Kélad, fils de Dama, fils de Bor,
fils de Nembroth, fils de Chus, fils de Cham.
Attila est son nom de guerre, et il ceint l'épée
du dieu Mars en disant à qui veut l'entendre :
— « Là où mon cheval a passé, l'herbe ne doit
plus repousser. » De loin, on le croirait d'une
taille surnaturelle, et c'est moins un chef militaire qu'un fléau, peste, famine, ouragan,
simoun, feu du ciel, tombant sur des populations qui croient entendre un mot sacramentel :
« *Laissez passer la justice de Dieu.* » L'approche-
t-on? c'est presque un hypocondre, sur la con-
stitution duquel influe tout changement d'air,
de température, de saison; c'est un prince,
dont la table fléchit sous des plats d'or, devant
lesquels il mange dans l'écuelle du soldat. Il
s'habille à la diable, mais à la condition que

ses ambassadeurs reviendront fastueusement couverts et sur des chars criant sous les présents (1). Un jour, les acteurs scythes qui lui chantaient des vers à l'heure de ses digestions, n'ayant pu parvenir à le distraire, à l'égayer, il a voulu se donner à lui-même un spectacle de plus haut goût, et il a reporté la scène sur un théâtre où le génie de sa race avait laissé un drame inachevé. Pour motiver une reprise, il a fait réclamer à Valentinien III des vases sacrés, enlevés par Sylvain ; mais le prudent Apollonius est parvenu à ajuster l'affaire ; force a été de chercher à l'empereur une querelle sur nouveaux frais. C'est alors qu'Attila s'est souvenu de l'anneau que lui avait envoyé la princesse Honoria, à l'époque désastreuse de la mort de Rova, et du mariage hybride qui n'avait été qu'un appât.

Le chef des Huns, pour commencer, se ménage une alliance secrète avec Théodoric, roi des Goths, parce qu'il feint de n'en vouloir qu'à Genséric, roi des Vandales, lequel a fait mourir par de mauvais traitements son épouse,

____

(1) Deguignes, *H. gén. des Huns*, t. I, 2ᵉ part., ch. IV.

sœur de l'autre roi. Cette précaution prise, il emporte Mayence, Spire, Worms, Strasbourg, Trèves, Besançon, Laon, Toul et Langres (1). Onze mille vierges, à Cologne, implorent sa pitié ; il les condamne à l'outrage, à la mort. Entrant à Metz la veille de Pâques, il y fait massacrer les prêtres sur l'autel, il y allume un incendie à la Néron. Reims subit le même sort, en dépit des efforts de l'évêque saint Nicaise et de sainte Eutrope, sa sœur, qui succombent pendant le sac (2). Troyes ne doit son salut qu'à un miracle qui s'opère sous les yeux du célèbre pasteur saint Loup (3).

Aetius négocie encore, avant de se mettre en campagne. Théodoric, sur lequel il comptait, a refusé d'entrer en ligne avant d'être atta-

---

(1) Deguignes, etc.

(2) Sigebertus *in Chron. ad annum* 453.

(3) « Les Huns, à peine entrés dans Troyes, furent saisis d'un tel aveuglement qu'ils prirent la fuite, » ainsi s'exprime la Chronique. Miracle qui peut être expliqué par une éclipse qui effraya les Huns, ou même par le vent leur chassant dans les yeux une poussière qui les fit reculer. On était au fort de l'été.

qué lui-même, et la moitié des Francs se sont détachés de l'Empire pour suivre la fortune d'Attila. Le général romain, trompé des deux cotés dans son attente, ramènera les transfuges en profitant une fois de plus de leurs rancunes réciproques. Il jure de ne rien refuser au roi visigoth, ni domaines au soleil, ni richesses, ni titres, s'il aide les Impériaux à repousser les Francs; le roi des Francs n'est pas plus insensible aux promesses du général, qui invoque l'appui des siens contre Théodoric : dès qu'ils sont réengagés, Aetius les emploie ensemble contre les Huns. Des Sarmates, des Bourguignons, des Saxons, des Lisiens, des Ibrions, des Armoriques, marchent aussi avec l'armée romaine. Par malheur elle est encore loin, lorsque les Parisiens apprennent qu'Attila se dirige sur leur ville.

Pour le coup, les passions mesquines cessent d'agiter la curie, tous les plaisirs se cachent, les procès pendent, les créances temporisent, le commerce s'arrête, l'orgueil s'amende, l'ironie pleure, la médisance loue. On s'interroge sur les places, on se désole dans les rues, on se presse dans les églises en prévision de l'autre vie, pendant que les plus riches. Pierre le

Juge en prend note, « mettent toute peine de
« faire transporter leurs biens, femmes et en-
« fans, aux autres villes plus fortes et asseu-
« rées (1). »

Qui consolera, qui sauvera Paris ? Geneviève
le demande à Dieu, dans la chapelle de Saint-
Jean-Baptiste, où elle a réuni de pieuses femmes pour prier avec elles. Une voix intérieure
lui fait répondre : — « C'est moi ! »

Ermenrick, roi des Ostrogoths, s'est tué pour
ne pas s'exposer aux chances d'une bataille que
lui offraient les Huns, et bien qu'il eut montré
du courage en d'autres rencontres. C'est, au
contraire, la grandeur du péril qui va donner
à une femme de vingt-deux ans plus d'audace
et de présence d'esprit qu'il n'en reste aux
dépositaires de l'antorité gallo-romaine.

Pour faire face au roi des Huns, elle ne voit
qu'Aetius au monde ; elle l'avise donc, par un
message, dela direction prise par Attila. Si les
Impériaux pressent le pas, ils peuvent encore
arriver en même temps que les barbares.
Quelle n'est pas l'inquiétude de la sainte, entre

----

(1) *Hist. de Ste Genev.*, par Pierre le Juge, l. I,
ch. IV.

la demande et la réponse ! Comme Esther et comme Judith, elle espère surtout en Dieu. Des Parisiennes s'attachent à ses pas, les plus jeunes et les plus belles, les épouses qui aiment, les fiancées qui espèrent, toutes celles qui ont plus de raisons que d'autres pour désirer le retour de la paix, toutes celles qui vont être comprises dans le butin si l'ennemi pénètre dans la ville : suppliantes, recueillies, elles s'agenouillent ensemble au pied de ces autels que menacent la hache, la torche sacrilèges.

Tout à coup, cependant, Geneviève reçoit des nouvelles : elle sait que les Romains arriveront à Lutèce aussitôt qu'Attila, si les Huns par prudence ne changent pas d'itinéraire. Ah ! que ses yeux s'animent, que son front s'éclaircit et qne son cœur bat plus à l'aise ! Elle parcourt les rues avec un air de fête, et elle a sur les lèvres toutes paroles qui rassurent. Ses compagnes, ses meilleures amies sont de moitié dans son ivresse, s'embrassent en public, sèchent des larmes et en versent de joie, en s'écriant : — « Victoire ! » C'est que Geneviève a dit à l'une : — « Aime en repos puis- « que tu es aimée ; vous ne serez esclaves, ni « toi ni ton époux. » A l'autre : — « Ton fiancé,

« si jeune , ne prendra pas les armes et ne
« périra pas aux portes de la ville. » A celle-ci :
— « Ton père, vieux et infirme, ne sera pas
« contraint encore à décrocher sa rondache,
« sa hache d'armes , qui lui semblaient autre-
« fois si légères. » A celle-là enfin : — « Ton
« frère reviendra , il trouvera encore debout
la maison où il t'a laissée. » Mais l'ancienne
bergère de Nanterre et ses compagnes rencontrent, par les carrefours, nombre de vieillards
et d'enfants qui déménagent montés sur des
chariots où ils ont entassés meubles et objets
de prix, et tout prêts à gagner une autre ville,
Orléans, Sens, Bordeaux ou Bourges. Elle arrête ces familles partant par caravanes, et elle
prend pour les ramener à la confiance tour à
tour sa voix la plus douce, tour à tour son ton
le plus digne ; car elle traite leur émigration
et de honteuse et de coupable, en disant aux
plus obstinés : — « Prenez bien garde , vous
« n'échapperez pas à la colère de Dieu , si
« elle vous cherche , et celle du peuple vous
« suivra. »

Ce mot de « colère du peuple » sonne si mal
aux oreilles des fuyards, qu'il inspire à plusieurs l'idée et le moyen de ne pas laisser sans

réplique l'admonition sévère de la jeune femme.
Les plus peureux se transforment tout a coup
en *séditieux*, *en remuenrs de ménages*, comme
les appelle un biographe (1). Aussi bien l'abat-
tement des Parisiens est tel, que de simples
promesses, loin d'en avoir raison, rencontrent
beaucoup d'incrédules. Le peuple instigué avec
art par les nouveaux ennemis de sainte Geneviève, se refuse à lui reconnaître plus de crédit qu'aux notabilités du municipe, qui igno-
rent où est Aetius. De là d'affreux soupçons
qu'éveille la mauvaise foi, qu'accueille l'ignorance. Quelles sont les intentions secrètes de
Geneviève ? elle est d'intelligence avec le chef
des Huns, et, si elle prophétise que la ville
sera épargnée, c'est de peur qu'Attila ne la
trouve dégarnie, défigurée, déserte. Trahison,
odieuse trahison ! Soit maudite une sécurité où
l'ennemi trouverait seul son compte ! Nobles,
bourgeois, magistrats, avocats, et vous aussi,
marchands de belles étoffes, faites sortir et
suivez les débris mobilisés de vos richesses.
Quant à toi, fausse prophétesse, apparente

______

(1) *Hist. de Ste Genev.*, par Pierre le Juge, l. 1,
ch. iv.

colombe cachant un épervier, comme l'augure était certain d'en voir à la veille des grands massacres, ceux que ta seule présence annonce ne devraient-ils pas être inaugurés en bonne justice par ta mort?

Ainsi gronde l'émeute, et Geneviève, entourée, n'oppose que ses dénégations et sa confiance inaltérable à des paroles menaçantes, à des regards qui lancent l'anathème. La rue devient un tribunal, et l'enquête est expéditive. N'y a-t-il pas eu découverte d'une entreprise qu'on juge criminelle? La gravité de l'attentat réside plutôt dans la pensée qui l'a conçu, qui en a préparé les éléments, qui l'a organisé, que dans l'exécution. Le coupable est connu, qu'il meure. Qui eut été victime? le peuple; qui sera justicier? le peuple.

Déjà la foule n'a plus à décider que le genre de suplice applicable au forfait; déjà les moins furieux de ces juges improvisés jettent à la victime un dernier regard, adieu de la pitié, et ils ont la satisfaction de la voir tout-a-fait resignée à son sort. Les deux mains de la vierge s'étendent vers le ciel, au devant des palmes du martyre; son front clair changera de voile sans regret: ses yeux s'ouvrent plus grands sur une vie meilleure, et ses lèvres si pures se laisseront délier sans effort du serment qu'elles ont prêté. Loin que ses larmes cherchent à attendrir les bourreaux qui préparent sa mort, elles demandent pardon pour eux. Sa consolation suprême est de savoir que Paris survivra au sacrifice de sa vie.

Mais au moment où des liens se passent aux mains de Geneviève, un sauveur fend la presse et les détache : c'est l'archidiacre Sedulius, venant près de la vierge au nom de saint Germain-l'Auxerrois, et il arrive d'Italie avec des nouvelles rassurantes. Ainsi est justifiée, en cette circonstance, la proposition du psalmiste : *Dieu sait venir en aide aux siens dans l'affliction. (1)*

L'évêque d'Auxerre, qui est mort à Ravennes le 31 juillet 450, et dont les reliques ont été reçues à Auxerre le 22 septembre de la même année, a ordonné à Sedulius de remettre en personne à la bergère de Nanterre des eulogies, à titre de souvenir. «Ce grand évêque, « dit l'archidiacre en se tournant vers l'as-« semblée, Germain, que chacun de vous ai-

____

(1) Psal. xxvii.

« mait et honorait , a parlé de Geneviève avec
« prédilection jusqu'à sa dernière heure, et
« j'apporte ce gage de sa précieuse estime, en
« me conformant à ses dernières volontés.
« L'ange gardien de votre cité perd un ami,
« un père , qu'elle remplace déjà auprès de
« vous. Dieu veille sur Paris, que le moderne
« Sennachérib n'anéantira pas, et que Gene-
« viève elle-même aura contribué à sauver,
« comme Ezéchias sauva Jérusalem. »

Ce voyageur, au surplus, est à même d'édi-
fier les Parisiens sur les nouveaux renforts des
troupes romaines, et ce qu'il en dit est d'accord avec les prévisions de la sainte.

Attila, il est vrai, apprend de son côté quelle
est la marche de cette armée, et qu'il n'a plus
beaucoup d'avance sur elle. Par suite, il se dé-
tourne et fond à l'improviste sur les Orléanais,
à la tête desquels se produit l'évêque saint
Agnan. Théodoric et Aetius surviennent, qui
poussent le roi des Huns, le glaive dans les
reins, jusques aux plaines de Mauriac, situées
non loin de Troyes ; c'est là qu'un engagement
commence le matin, entre les Francs d'une
part, les Gépides de l'autre, et qu'à la tombée
de la nuit le combat devient général (en quel-

ques heures il périt quinze mille hommes).
Après cette défaite, tout le monde le sait, les
Huns perdent chaque jour un pouce du terrain
gaulois, et aussitôt la mort du roi Théodoric,
ils préfèrent opérer une diversion dans les
affaires, ils franchissent les Alpes, ils se jettent
en Italie.

CHAPITRE VI.

Les Jeûnes, les Veilles, l'Orthodoxie.

L'avis du père Bastard est qu'un jeûne presque continu a sauvegardé sainte Geneviève des
gloutonneries du démon, et alimenté son or-
thodoxie au milieu des veilles (1). On en pourrait conclure, à la rigueur, que les ariens et
les pélagiens mangeaient comme des goinfres
et dormaient comme des marmottes. Mais presque tous les peuples de la terre cèdent trop aisément à la coquetterie de croire que leurs
plus grands hommes n'ont rien fait comme le
vulgaire, et qu'ils n'ont osé accomplir le plus
petit acte de la vie privée qu'en y imprimant

____

(1) *De aliquot veteribus inscriptionibus*, p. 91.

quelque part un cachet d'originalité, un certificat de leur nature supérieure. Épiménide, assurément, n'est pas dans l'ordre littéraire le seul célèbre personnage à qui l'on prête d'avoir été nourri par les nymphes et les demi-dieux. Et dans l'ordre chrétien aucun saint du calendrier n'a été plus rarement, dit-on, que la patronne de Paris, dans la nécessité de réparer par un entretien substantiel des forces vitales dépensées sans réserve au service de Dieu, du prochain, du pays. L'*Historial* de Vincent lui mesure des rations frugales avec une telle parcimonie, que c'est presque mettre à la diète l'active et vaillante héroïne (1). De viande point, ni vin davantage : passe pour cette proscription. Le pain d'orge et les fèves cuites à l'eau composeraient tout l'ordinaire de la sainte, que nous n'y verrions pas le plus petit mot à dire ; mais ce n'est le menu pour elle que du jeudi et du dimanche, d'après une version qui la ferait jeûner absolument tout le reste de la semaine. C'est par trop de détachement et d'ascétisme, pour une vierge que la vie spirituelle n'empêche pas de rendre des services témoignant d'une rare énergie.

____

(1) Vincent, *Historial*, l. XXI, ch. xlvii.

Elle serait son propre bourreau en outrant les macérations, en exagérant l'abstinence.

Qu'elle ait vécu de peu, n'en doutons pas : c'était un frein de plus. Aux femmes sans pudeur la chère-lie servait d'aiguillon, et leur avidité bestiale faisait alors nommer les femmes galantes des poules, des rapaces et des louves (1). A la vierge le nécessaire, strictement mesuré d'avance, la solitude à table, le silence toujours, et çà et là les privations empreintes d'absolu qu'impose de soi-même à la médiocrité de fortune l'exercice de la charité.

La contemplation et l'étude, qui étaient l'objet de ses veilles, la reposaient des fatigues du jour, et elle y retrempait des forces qui n'avaient pas de meilleur aliment. Le soir venu, elle se dérobait pour quelques heures à l'action, en ouvrant les yeux sur elle-même; son

______

(1) « *Id est spurcissimæ meretricis quæ bona juvenis illius omnia abliguriebat, obsorbebat; meretrices enim, et feminæ pudicitiæ prodactæ prodigant omnia, unde lupæ veteribus dictæ a rapacitate.* » (Eusebius, *in chron.*, lib. XVIII, cap. XLII.)

« *Nominabantur Gallinæ* » (Fulgent. *in mytholog.*, lib II *de Syrenis*)

lendemain se préparait par la lecture, la prière
et l'extase, et le sommeil ne la prenait que for-
tifiée d'intentions généreuses, ravitaillée de
courage et d'idées, décidée à recommencer au
point du jour son œuvre de compassion et de
consolation.

Une certaine impulsion était déjà rendue
aux études littéraires par les pères de l'Église.
Les chefs-d'œuvre de la bonne latinité n'étaient
pas a l'index dans les écoles chrétiennes, et
l'émancipation des femmes profitait elle-même
d'une recrudescence intellectuelle, qui ratta-
chait déjà l'ère nouvelle aux deux grands siècles
d'Auguste et de Périclès. Une philosophie parti-
cipant de l'éclectisme, en même temps que du
platonicisme, était enseignée à Ravennes par
des femmes qui montaient en chaire, et cet autre
Platon qui s'appelait saint Augustin était bien
préféré par ses contemporaines aux autres
docteurs de l'Église (1). D'autres femmes eussent parlé en public et même prêché, parmi
celles qui connaissaient l'Écriture à fond, comme
la vierge Gertrude de Nivelle; seulement le

---

(1) *S. Sid. Apoll.*, lib. II, epist. IX.

canon 98 du quatrième concile de Carthage défendait aux femmes d'enseigner, quelle que fut leur érudition. Il y avait dans les Gaules deux dames haut placées, Hédibie et Algasie, qui proposaient par lettres de savantes questions au docteur saint Jérôme (1).

Sainte Geneviève n'allait pas jusque là, bien que l'étendue et surtout la solidité de ses connaissances ne fussent pas étrangères au plaisir qu'on prenait à la voir, à l'entendre, et elle s'insinuait le plus souvent dans l'esprit de celui qui l'écoutait pour y porter à fond l'impression de l'attachement (2). Sans être froide avec les grands, elle encourageait l'humble, gardant en tout une juste mesure.

Ses études n'eussent-elles abouti qu'à une conformité inébranlable aux droites et saines doctrines de l'Église, ce résultat n'était déjà pas mince. Plus d'un évêque de son temps, surpris par des subtilités, donna dans le pélagianisme, ou dans le prédestiniatanisme de Fauste

----

(1) *S. Hieronymus ad Hedibiam*, p. 367.

(2) « *Hic puella amabatur, existimabatur, illic episcopus venerabilis dux erat spiritualis.* » Longue-menus, p. 15.

de Riez, qui en était une conséquence, non moins que le semi-pélagianisme combattu par l'orthodoxe saint Prosper. Ainsi sainte Geneviève, opposant ses lumières aux séductions que présentaient à tous les opinions nouvelles sur la grâce, alla de pair avec Hilaire d'Arles, écrivain prévenu dans le principe contre la doctrine d'Augustin, de pair avec Eucher de Lyon, Mamert de Vienne, Loup de Troyes, tous trois évêques et grands théologiens, avec Salvien, prêtre de Marseille, et l'auteur du poème d'*Un Mari à sa femme,* que l'on nomme Prosper Tyro, et Constance, prêtre de Lyon, et Honorat, fondateur du monastère de Lérins, et Pomère, et Sidoine-Apollinaire, bien que Fauste de Riez fut son ami.

Encore ce n'était pas tout. D'une part, le manichéisme, que le pape saint Léon poursuivait à outrance dans Rome, se rejetait sur différentes provinces, et y dressait à la bonne foi, par des insinuations spécieuses, les embûches les plus dangereuses, et de l'autre le schisme du Lybien Arius, doctrine subversive de la nature de Jésus-Christ, et qu'avait condamnée le concile de Nicée, allumait à la fois en orient et en occident la première guerre religieuse.

Remarquons que les Gaules du Vᵉ siècle se ressentirent, en outre, des chimériques controverses soulevées simultanément à propos du nestorianisme et aussi de l'eutychianisme. Il y avait des nestoriens, familiers du roi arien Théodoric. Lorsque Nestorius, patriarche de Constantinople, publia ses erreurs contre le mystère de l'Incarnation, saint Cyrille d'Alexandrie les dénonça au pape Célestin, en l'engageant à écrire aux évêques. De son côté, l'hérésiarque Nestorius communiquait avec le saint-père en lui envoyant ses sermons, sur la lecture desquels il ne tardait pas à être séparé de la communion catholique. Le décret du pontife romain fut prononcé sur cette matière de foi avec toute l'autorité du siége apostolique ; l'anathème avait fulminé, la déposition du patriarche dissident avait été prononcée, quand le pape commit saint Cyrille à l'exécution du jugement, en lui disant : « Nous « vous donnons mandat de notre siége, et le « pouvoir d'agir en notre place, en notre « nom (1). » Les conciles œcuméniques discu-

____

(1) *Epist. S. Cyrilli ad Celest.*, part. 1, Conc. Eph., cap. xiv, t. XIV, conc. p. 344.

tèrent, confirmèrent, ratifièrent régulièrement tout ce qu'avait fait Célestin.

Quant à l'affaire d'Eutychès, qui regardait encore le mystère de l'Incarnation, elle se termina d'abord par la condamnation que saint Flavien signifia. Seulement Eutychès appela de ce jugement à tous les patriarches, nommément à l'évêque de Rome, et la réponse de Léon exposa très-clairement la doctrine de l'Église relativement à l'Incarnation. Après cette décision, émanée du saint-siége, vint l'assemblée d'Éphèse, qui . par les violences de Dioscore, dégénéra en brigandage, et la tenue d'un second concile dut être sollicitée par saint Léon lui-même, « pour dissiper tous les doutes sur « la foi, ramener à l'unité les divisions bles- « sant la charité , *ut nihil supersit in fide du- « bium, in caritate divisum* (1). » Il appartint, en conséquence, aux six cents évêques présents au concile de Diospolis d'approuver et de souscrire la lettre dogmatique de l'archevêque Léon, après qu'on eut examiné si elle était conforme au symbole des trois cent dix-huit Pères et à

---

(1) *Epist. S. Leon*, **xxxix**.

celui des cent cinquante, aussi bien qu'aux dé-
crets publiés à Éphèse, sous saint Cyrille (1).

A sainte Geneviève l'honneur d'avoir été son
chemin, à travers de pareilles broussailles,
sans se déchirer aux épines !

---

(1) Voyez conc. Chalced., act. II, p. 369 et seq.

CHAPITRE VI.

Fondation de l'église Saint-Denis-de-l'Estrée.

« Outre toutes lesquelles vertus, encore avait-
« elle une très-grande dévotion envers mon-
« sieur sainct Denis, premier evesque de Paris,
« sainct Rustic et sainct Éleuthère, » ainsi
parle le Père Souvette (1). Les corps de ces
martyrs illustres avaient été jetés en Seine,
l'année 64, au rapport de saint Grégoire de
Tours, et une chrétienne, nommée Catulle, les
avait recueillis avec vénération et enterrés au
lieu où ils avaient été décapités, c'est-à-dire à
Saint-Denis, dit alors le bourg de l'Estrée,

---

(1) *Vie de Sainte Geneviefve*, patronne de Paris,
c. XI.

ci-devant *Catulliacum* : une chapelle, plus
tard, avait été élevée sur le chemin de ce tombeau et consacrée par saint Rieulle. Seule-
ment, au Ve siècle, oratoire et tombeaux étaient
en ruines : des barbares, à coup sûr, avaient
passé par là. Les fidèles déploraient cette dé-
gradation ; mais la misère publique n'était pas
seule à expliquer l'abandon et des tombes et du
petit monument expiatoire. Les Romains, depuis
longtemps, et les Francs, depuis peu, avaient
cessé de persécuter l'Église, et la division par
diocèse commençait à se substituer dans les Gaules à la division par provinces ; mais l'État, tant
dans les provinces où était reconnu pour maître le chef des Francs, que dans celles où l'empereur donnait encore des ordres, l'État se
contentait de tolérer cette assimilation chrétienne de deux races, qui gagnait très-souvent
les mandataires du pouvoir, mais il n'était pas
converti.

On rencontrait souvent Geneviève se diri-
geant vers le bourg de l'Estrée : un des em-
branchements de cette voie romaine qui tra-
versait Paris dans la partie septentrionale,
amenait la sainte jusque là. Il était dû à l'a-
pôtre gaulois une immense reconnaissance ;

notre héroïne en acquittait sa part en priant Dieu de hâter le moment où ce serait une dette nationale. Ce n'était à ses yeux qu'un petit déplacement, parce qu'elle le comparait au long voyage qui avait amené Denis dans son diocèse. — « Est-il juste, se demandait-« elle, que les saints personnages qui habitent « aujourd'hui, là-haut, le splendide palais « dont les étoiles ne sont que les pavés, soient « si mal logés sur la terre? Se peut-il que « l'hypogée des familles riches resplendisse « de marbre et d'or, et que des bienfaiteurs si « dignes d'être honorés dans la contrée qui « jouit du bienfait, n'y aient pas même ce que « l'Église procure gratuitement aux pauvres « des cités, une pierre sépulcrale assez solide « pour que deux genoux s'y posent ! »

Pleine de ces idées, elle conçoit le dessein d'élever un temple chrétien à la dédicace de saint Denis, et elle s'en ouvre au prêtre Genesius (1), à des personnes pieuses du village de l'Estrée, promptes à abonder dans son sens.

____

(1) C'est à ce Genesius que l'on attribue l'histoire originale de sainte Geneviève.

Mais l'héritage de sa marraine, réuni à celui de Géronce et de Sévère, ne la fait pas riche, tant s'en faut; il est donc nécessaire d'associer à son œuvre nombre de bonnes âmes, et pour que le succès couronne de tels efforts, il faut un commencement d'exécution : c'est toujours le meilleur appel aux contributions volontaires. Elle décide aussi la fondation d'un hospice entre Paris et le bourg de l'Estrée, en relevant une chapelle qui servira si bien de reposoir à mi-chemin du pèlerinage des fidèles au tombeau de saint Denis.

Pour poser les premières pierres, elle réunit des ouvriers, qui lui disent : « Voici nos bras, « mais procurez-nous de la chaux.—Il y en a, « leur répond-elle, et vous n'avez besoin que « d'aller jusques au pont de bois par lequel on « entre à Paris. »

Les plus zélés de courir vers la ville. Ils rencontrent sur le pont deux porchers, racontant tout haut.comment en la forêt voisine, proche la racine d'un grand arbre renversé par le vent, ils ont vu un fourneau immense de pierre calcaire, avec de bon feu par dessous. On commence donc, et c'est là le grand point.

Une autre fois, les maçons et les charpentiers

ont à souffrir d'une chaleur accablante, qui les
énerve, en ralentissant leur travail. Genesius
prie sainte Geneviève de les reconforter par
des encouragements, et de leur faire prendre
patience, jusqu'à son retour de la ville, où il
va acheter du vin. — « Inutile, dit la vierge :
« il y a du vin partout. »

On soupèse alors le coquemar, où la soupe du
matin avait été trempée : il était plein d'un vin
fraîchement tiré. Les obligés marquent une
gratitude que la nature même du service ne
rendait que plus expansive. — « Notre-Sei-
« gneur, s'écrient-ils tout d'une voix, n'a fait
« que changer l'eau en vin, aux noces de Cana
« en Galilée; et il permet plus encore à son
« excellente fille, qui remplace le vide par le
« vin le plus pur que nous ayons goûté ! »

N'était-ce qu'une bonne action ? les miracles
n'en font jamais d'autre. Les charpentiers et
les maçons ne trouvent pas du tout mauvais
que leur bidon, ce jour-là et bien d'autres, ait
plus de peine à se vider que le tonneau des
Danaïdes n'en avait eu à se remplir.

Quant à l'hospice, tout va bien : la construction n'en souffre aucun retard. Des maisons
groupées tout autour formeront le village dit

La Chapelle-Sainte-Geneviève jusqu'au XIVe siècle, et ensuite La Chapelle-Saint-Denis.

Mais les choses vont beaucoup moins vite en ce qui regarde l'église Saint-Denis-de-l'Estrée. Les travaux y sont suspendus, faute d'argent, et aussi par le manque d'autorisation régulière. La construction n'en est approuvée par un concile, réuni à Tours, que le 16 octobre 461. Les travaux ne reprennent que vers l'an 464, « comme j'ay trouvé, dit Pierre le Juge, dans « un tableau de la dicte église (1). » Le même ajoute que cette reprise est due à la persévérance de notre sainte, « estant aagée de quel- « que trente ans, incitant touiours un chacun « des citoyens de Paris, luy aider de leurs « moyens à parfaire un si bon œuvre encom- « mencé. »

Il est vrai qu'à Paris, et sur d'autres points du diocèse, la piété taille aussi de la besogne aux architectes; mais ceux qu'emploie Geneviève se plaisent à éprouver la solidité de sa patience, assise de ses autres vertus. Le lieu de sépulture des trois martyrs, à l'état provi-

----

(1) *Vie de Saincte Geneviefve*, liv. I, ch. v.

soire, est trop longtemps chantier de construction. Le recueillement s'y accorde si peu avec
les aigreurs de la scie et le tapage du marteau,
en plein jour, qu'il faut bien y aller la nuit.

Geneviève et plusieurs autres vierges se dis-
posent, par un beau soir, à refaire ce pèlerinage. Mais elles sont à peine sur la route que
des nuages, éteignant la lueur des étoiles, al-
lument celle des éclairs : l'orage menace, l'o-
rage gronde. Contre-temps imprévu, mais qui
chasse la crainte des mauvaises rencontres, en
laissant le chemin plus libre ! Une des saintes
filles va devant avec un flambeau de cire, pour
éclairer aux autres ; mais la pluie, qui commence à tomber par grosses gouttes, plonge le
groupe ambulant dans une obscurité qui arrête
aussitôt la marche. Geneviève prend des
mains de sa compagne le cierge, en l'élevant
d'un mouvement rapide, et la flamme reparaît au bout.

Plusieurs fois Geneviève s'est montrée de la
sorte initiée à une loi physique que n'ignore
aujourd'hui personne. Néanmoins, un poëte a
traduit les agiographes en interprétant l'aventure de cette façon :

« Allant en cette église avec un ardent cierge ,
Le diable l'esteignoit dans la main de la vierge ;
A minuit , dans l'obscur, l'ange le rallumoit,
De ce cierge les maux elle les guérissoit (1). »

Dans ce petit voyage nocturne, ce n'est sans doute pas de Paris que la sainte est partie. Son hospice lui sert de pied-à-terre, sinon d'habitation. Sentinelle avancée, elle garde ce poste jusqu'à la fin de la campagne. Dès que la construction de Saint-Denis-de-l'Estrée est achevée, Geneviève donne à cette église et son hopice et sa chapelle. L'abbaye de Saint-Denis, au reste, demeurera propriétaire de la terre de La Chapelle.

---

(1) *Vie et miracles de la vierge madame Saincte Geneviève*, par Jacques Corbin. conseiller et maistre des requestes ordinaires de la royne, advocat au parlement.

CHAPITRE VIII.

Mérovée.

Probabilité est acquise que dès l'année 440,
Mérovée avait pris le titre de roi, du vivant
même de Clodion, son père. Il avait été autre-
trefois si bien reçu à Rome par Valentinien III,
lorsqu'il y était venu, en la compagnie d'Aetius, pour signer un traité de paix, qu'ensuite
il s'était refusé à entrer avec Attila dans une
ligue contre les Romains. Arrivé au pouvoir,
il reçut d'Aetius la concession du territoire où
son frère aîné avait pénétré, y compris la ville
de Soissons où celui-ci avait perdu la vie. Le
siége principal du royaume franc devint alors
Cambrai, ville où Clodion mourut à peu-près
en 448 ; mais, avant de rendre le dernier sou-

pir, ce prince avait légué à son second fils,
Mérovée, la tutelle des trois enfants que son
premier fils avait laissés. Le roi des Francs s'oc-
cupa en effet de l'éducation de ses neveux,
mais en leur donnant une garde moins hono-
rifique à coup sûr que chargée de les surveil-
ler. Alarmée d'une telle vigilance, la mère des
princes les enleva et prit refuge dans le camp
d'Attila, au moment où ce roi des Huns rentrait en occident accompagné de rois et suivi
d'une armée nombreuse.

Et c'est le 20 septembre 451, dans les champs
catalauniens, entre Chalons-sur-Marne et Méry-
sur-Seine, qu'Actius, avec Mérovée et Théodoric, livra au chef des Huns la plus grande
bataille que l'histoire ait enregistrée. En voici
le bilan : trois cent mille hommes hors de
combat. Des Francs s'étaient encore trouvés
dans l'un et l'autre camps, mérovingiens du
parti victorieux, austrasiens parmi les vaincus.

Après quoi, Mérovée, pour parler avec la
chronique (1), « ce roy vaillant et généreux,

____

(1) *Hist. de Ste Genev.* par Pierre le Juge, l. I,
ch. VI.

« ne se contenta d'avoir jà un pied dans les
« Gaules, mais voyant que les autres nations
« s'en emparoyent le plus qu'ils pouvoyent,
« commença aussi à s'y fourrer et advancer de
« son costé ». Cependant Valentinien III, jaloux
d'Aetius, tuait ce préfet en 454. Puis Pétrone-
Maxime, sénateur et consul, faisait assassiner
à son tour Valentinien III, épousait Eudoxie,
sa veuve ; celle-ci, tout à coup, avait horreur
du crime de son nouvel époux, appelait les
Vandales pour en tirer vengeance, et les
sénateurs effrayés frappaient eux-mêmes l'empereur du coup mortel, après un règne de 77
jours, ordonnaient qu'on traînât son cadavre
tout sanglant dans les rues de la ville, puis
qu'on le jetât dans le Tibre. Heureuse fin encore, pour ce Pétrone-Maxime, puisque le
poids trop lourd de la couronne fui avait déjà
fait envier le sort de Damoclès, dont le règne
n'avait pas excédé la durée d'un repas !

Avant que le comte Ægidius, digne pétit-fils
de Wallia, envoyé dans les Gaules par Ricimer,
s'y attachât par de nouveaux succès au parti de
l'Empire, Mérovée descendit en suivant le cours
de la Seine pour s'emparer de Paris. Les troupes romaines proprement dites avaient entiè-

rement quitté de l'occident la partie septentrionale. Un Auvergnat, élève de Théodoric, et
dont Valentinien avait fait un préfet des Gaules,
Pétrone-Maxime un commandant de toutes le
milices gauloises, en un mot Avitus, était pro-
clamé empereur à Toulouse, et saint Sidoine-
Apollinaire, l'illustre gendre de celui-ci, son-
geait, avant de gagner Rome en accompagnant
son beau-père, à faire reconnaître le nouvel
empereur d'occident par Marcien, l'empereur
d'orient, et à reconquérir l'Espagne, grâce à
Théodoric et malgré Réquiaire, envahisseur
qui était chef des Suèves. Comme on le voit,
les préoccupations diplomatiques, les occupations militaires portaient toutes sur le midi, et
rien ne paraissait de force à arrêter au nord
la marche progressive du Franc. Un prodige
néanmoins éclata à sa face, Paris lui résista.

Les soldats de Mérovée n'étaient qu'une poi-
gnée d'hommes, en comparaison des légions
qui, sous la conduite d'Attila, avaient renoncé
à attaquer la ville, mais qui pouvaient encore
y revenir, si leur ennemi en prenait possession.
Recevoir Mérovée à bras ouverts, n'était-ce pas
rappeler les Huns, et porter un défi également
aux Impériaux? Les Francs, pour défendre leur

conquête désavouée par les Visigoths presque autant que par les Romains, n'eussent-ils pas été seuls et contre tous ? A ces causes, la défense s'était organisée et elle avait tenu contre d'intrépides assaillants. Il fallait que ceux-ci fussent encore nombreux, car Paris demeura cerné de tous cotés : le siège fut surtout un blocus. Le souverain qui donna son nom à la première race de nos rois, assiègea plus long-temps Paris que plus tard le premier Bourbon.

A ces deux époques différentes, c'est la même machine de guerre qui donna le meilleur assaut, nous voulons dire la famine. Il est probable que le mérovingien se sentit ça et là, comme Henri IV, des entrailles de père pour ses futurs sujets, et qu'il se relâcha lui-même des rigueurs de la loi de la guerre en fermant quelquefois les yeux sur l'entrée d'un convoi de vivres. De telles concessions faites par l'agresseur recrutaient pour le prétendant, qui comptait déjà dans la ville non-seulement des partisans, mais encore des compagnons d'armes de ses dernières victoires, et nombre de compatriotes, puisque Francs et Gaulois contractaient des alliances depuis plus de deux siècles. La disette des meilleurs jours ne faisait

que mieux ressentir, le lendemain, toutes les
horreurs de la famine. « Le pauvre peuple,
« raconte un historien, qui mouroit de lan-
« gueur sur le pavé, regretoit alors d'avoir
« échapé la fureur d'Attila, et portoit envie au
« bonheur de ceux qui l'avoient éprouvée. Paris
« étoit un grand sépulcre, où l'on ne voyoit que
« de pâles ombres et des schelettes horri-
« bles (1). » Tant et si bien que le buffet du
riche était presque aussi vide que la besace du
pauvre. Le javelot de l'arc et la pierre de la
fronde blessaient moins qu'ils ne guérissaient:
toute maladie était la bienvenue comme diversion à celle de la faim.

Heureux ceux-là qui n'avaient pas à faire,
dans une telle extrémité, l'apprentissage de
l'abstinence ! Geneviève, endurcie à toutes les
privations, ne souffrait pas pour elle-même;
mais à force de voir le fils envier à sa mère le
plus petit pain d'orge, et le frère l'arracher
souvent des mains du frère, elle renonça à
prêcher la patience et se chargea de ravitailler

---

(1) *Hist. de Ste Genev.*, par les Bénédictins de
Saint-Maur, ch. ix.

Paris. Le municipe, avant de consentir à ce qu'elle se chargeât de l'introduction d'un convoi, lui fit des représentations sur le péril d'une entreprise si difficile à mener à bonne fin. Mais personne n'offrait d'en courir l'aventure, au risque d'y laisser la vie, que les plus avisés s'ingéniaient à défendre en faisant aliment de tout. Le moyen de refuser les services de la vierge, dont les paroles, au surplus, étaient pleines d'une assurance de bon augure! On lui compta la somme nécessaire à l'achat d'une partie de grains.

Son plan était tracé : elle partait par eau, dans la direction de la Champagne. Fort à croire que les Francs, en la voyant passer, la prirent pour une émigrante qui emportait précieusement tout l'argent qu'elle avait pu réaliser! Qu'avait donc à pâlir, un peu plus loin, le visage des rameurs ? Ah ! c'est que le bateau venait de s'engager dans un des maudits tourbillons qui, en Seine, sont l'abime des embarcations frêles. L'eau tournoyait avec une violence paralysant le jeu des avirons, reduits à l'immobilité ; faute de lest, le bateau chavirait, et déjà l'avant faisait eau. Le gouvernail avait tellement secoué la main du pilotin,

qu'elle avait aussi laché prise. Geneviève s'en
empara, maîtrisa les courants contraires en
poussant tout près de la rive, où la remonte
est toujours plus facile. Mais un arbre y faisait
obstacle, en menaçant de rejeter la barque dans
les replis du tourbillon. La vierge ordonna donc
de mettre pied à terre, et les hommes du petit
équipage divisèrent le tronc à coups de hache,
au lieu de l'ébrancher, car les branches auraient
repoussé et remis en péril d'autres embarcations. Les démons, se disait la sainte, sont du
voyage; elle priait Dieu de les congédier. Un
couple monstrueux, de forme repoussante et
de couleur bariolée, avait son nid dans l'arbre
et s'envola, quand le tronc fut ouvert, en laissant l'air imprégné d'une odeur infecte. Enfin
le bateau passa outre, et des sinistres cessèrent
de signaler un des points les plus dangereux
de la navigation fluviale.

Parvenue à Arcis-sur-Aube, non loin de
Troyes, elle vit arriver à sa rencontre le seigneur de l'endroit, Passin de nom. De même
que, selon saint Jean (1), un roi vint deman-

____

(1) Chap iv.

der à Notre-Seigneur, revenant de la Judée en la Galilée, qu'il voulût bien descendre en sa maison et lui guérir un fils malade, de même Passin la pria, en faisant appuyer sa demande par tous les habitants du lieu, de visiter chez lui sa femme paralytique, afin de lui rendre l'usage de ses membres. Ce qu'elle fit, et le miracle eut lieu. Il y avait quatre ans que cette dame gardait la chambre et ne pouvait bouger; Geneviève la rétablit si bien qu'elle se leva pour reconduire la sainte, en la comblant de ses remerciments.

Le bruit de ce miracle se répandit si vite qu'il arriva à Troyes avant Geneviève. Aussi le poëte a-t-il écrit qu'

« En la ville de Troie à la fin arrivant,
Tout le peuple à la foule alloit la saluant.
Les malades venoient pour jouir des miracles,
Les doctes et les sains pour ouïr ses oracles (1). »

D'autres succès marquèrent en traits ineffaçables le passage de Geneviève dans cette autre ville champenoise. Un homme était devénu

---

(1) *Vie et Miracles de la Vierge Madame Saincte Geneviève,* par Jacqués Corbin.

aveugle pour avoir excédé ses forces, par ava-
rice, en travaillant les jours de fêtes, et la sainte
guérît cet homme, dont la faute trop punie
cédait au repentir. La même infirmité affligeait
une jeune fille depuis douze ans, elle ne tint
pas davantage contre un traitement soutenu
par la grâce. Un enfant fut sauvé encore, que
la fièvre tenait alité depuis dix mois, et c'était
le fils qui restait à un pauvre sous-diacre d'un
mariage contracté antérieurement à l'exercice
de son ministère. Il était donc patent que les
prières de la vierge avaient dans leur humilité
la force qui, dit l'*Ecclesiaste*, « pousse en pé-
« nétration aux cieux (1) ». Comment Geneviève aurait-elle suffi, seule, à une tâche se
renouvelant toujours ? Sa médiation rappro-
chait la douleur de la consolation toute-puis-
sante ; mais elle allait, héros par le courage
aussi bien que par le génie, apôtre par la charité, enfin sans sexe comme un ange, et elle
parvenait sans effort du discours à la persua-
sion, de la cure à la guérison et de la prière
au miracle. Une frange, un lambeau ôté à son
vêtement circulait comme un talisman ; il n'en

(1) *Eccl.*, c. xxxv.

fallait pas davantage pour guérir une fièvre,
garder d'une pensée mauvaise, affermir la
bonne volonté, cicatriser les plaies de l'aiguillon charnel, en un mot chasser le démon.

Pourtant le blé était acheté, et en assez
grande quantité pour qu'on en dût charger
onze grands bateaux. La sainte regagna Arcis;
de là elle fut conduite par l'épouse de Passin
jusqu'au lieu de l'embarquement.

On suivit sur Paris. Le courant de la Seine
n'était cette fois qu'à descendre. Mais la flottille
essuya un orage épouvantable, et en battant
la rive, les lourdes barques donnaient contre
des pierres, contre des arbres qui les endom-
mageaient. Pour reboucher les ouvertures pra-
tiquées par ce choc, les mariniers d'eau douce
decouvraient forcément la précieuse cargaison
qu'une pluie torrentielle détériorait et rendait
plus pesante. Des affamés allaient être déçus
dans leurs dernières espérances, si Dieu,
dans sa miséricorde, n'exauçait pas les prières
de Geneviève, veillant au salut de Paris! Tout-
à coup s'apaisa l'orage, cessa la pluie, comme
jadis la tempête dissipée sur le lac de Génésa-
reth pour préserver les apôtres d'un nau-

frage (1). Un prêtre nommé Besse, qui était
passager, s'entendit aussitôt avec ses compagnons pour chanter, à ce que raconte notre
révérend Pierre le Juge, le beau cantique de
l'*Exode* qu'avaient entonné les enfants d'Israël
en échappant aux coups de Pharaon (2).

Enfin on aborda. Qui sait même si l'orage
ne favorisait pas l'approvisionnement inaperçu?
A la pointe du jour, les onze bateaux étaient
en vue du port, et que de fours se rallumaient
en ville, que de moulins expéditifs s'improvi-
saient pour broyer le froment! Il fallut peu de
temps pour le débarquement : des hommes
s'attachaient aux chariots, à défaut d'animaux
de trait. L'heureuse issue de l'entreprise rendait la vie à Paris épuisé.

Geneviève avait pris des femmes pour l'aider
dans la distribution du pain, dont les fournées
se succédaient de près. Mais ces femmes auxiliaires ne défournaient jamais le nombre de
pains qu'elles avaient enfourné, parceque Geneviève, répondant aux besoins des plus pres-

---

(1) *S. Matt.*, c. xiv.
(2) *Exod.*, c. xv.

sés, s'était brûlé les doigts pour en tirer avant
que la cuisson fut complète.

Toutefois il y avait là pour la ville assiégée,
de quoi reprendre haleine, et rien de plus.
Heureusement les Parisiens profitèrent de ce
relâche pour s'entendre avec Mérovée, auquel
il manquait de comprendre que Paris valait
bien une messe. Le roi des Francs, grâce au
ravitaillement, s'accommoda d'une capitulation
qui laissait aux habitants de la province un
grand nombre de terres *tribulaires,* c'est-à-dire
chargées d'une redevance pécuniaire. Seulement d'autres propriétés foncières passèrent
déjà à des Francs, comme *terres allodiales,* mot
dérivant d'*al-ód,* *toute propriété :* le service
militaire était inhérent à la possession de
ces terres nobles.

Mérovée, nous dit la chronique, « parce qu'on
« lui avoit dit des merveilles de la vie de
« Saincte Geneviève, et que luy-même venoit
« d'éprouver sa puissance, à peine fut-il des-
« cendu de cheval, qu'il commanda qu'on luy
« fist venir, tant il avoit de désir de la voir.
« Ce grand prince voyoit une fille qui, selon
« l'extérieur, n'avoit la façon que d'une pauvre
« servante, et cependant il remarquoit en elle

« une certaine majesté à qui la sienne étoit
« contrainte de porter du respect (1). » Il y
a là une interpolation, car Louis XI fut le
premier roi de France qui reçut le titre de
Sa Majesté; mais l'anachronisme a du bon,
pourvu qu'il fasse honneur aux souverains
d'une condescendance réellement imposée par
la vertu et pour le bien public.

Par ainsi le palais des Thermes fut occupé
par Mérovée, et Paris fit partie de ses états.
Attila, qui lui eût tenu tête, avait poussé vers
l'Italie dès les commencements du siège de
Paris. Il y avait d'abord fait stationner, sous
les murailles d'Aquilée, des soldats peu encou-
ragés; mais, l'armée ayant vu des cigognes
enlever leur couvée des nids superposés aux
murs d'enceinte d'Aquilée, Attila avait dit avec
confiance : — « Si ces oiseaux délogent, c'est
qu'ils prévoient la ruine de la ville, » et la prise
d'Aquilée avait bientôt été un fait acquis à
l'histoire. Les Huns avaient ensuite, continuant
le ravage commencé en Thrace et en Illyrie,
occupé Milan et Pavie; puis l'empereur avait

---

(1) *Vie de Ste Gen.*, par les Bénédictins de Saint-
Maur, ch. x.

imploré, vis-à-vis d'Attila, la médiation du pape saint Léon. Celui-ci s'était mis en marche, accompagné de deux personnages consulaires, et avait rencontré le chef hun à Ambuleium, près le passage du Mincio. Après cette entrevue, qui avait ramené le barbare au respect que déjà lui avaient inspiré des évêques gaulois, il avait repris soudain sa course du côté du Danube. Voilà ce qu'avait fait le terrible Attila, pendant que Mérovée s'était péniblement emparé de Paris. Il n'en faut pas conclure que les deux conquérants se fussent oubliés, et qu'il n'entrât pas dans leurs vues de se retrouver face à face. Mais pendant qu'Attila, vainqueur encore en Pannonie, rassemblait ses armées afin de rentrer dans les Gaules, la courtisane Ildico l'enivrait et l'étouffait. Ses funérailles furent dignes du héros, dont on plaça le corps dans une bière d'or, qui fut mise dans une d'argent, celle-ci dans une de fer, et une tente en soie servait de catafalque; des cavaliers couraient aux environs, chantant les louanges d'Attila, pendant qu'on dressait le festin des funérailles; enfin on enterra de nuit le roi des Huns tout couvert de ses armes, et selon la coutume tartare plusieurs des domestiques, témoins de la cérémonie, furent égorgés sur la nouvelle tombe (1).

---

(1) Deguignes, *Histoire générale des Huns*, etc., t. I, 2ᵉ partie, ch. IV.

CHAPITRE IX.

Childéric.

Et lorsque la nouvelle de la mort d'Attila vint rassurer surtout les Parisiens, elle figura aux Thermes sur les tablettes de Childéric, à qui son père Mérovée venait de léguer, en mourant jeune encore, son autorité sur les Francs.

La jeunesse et les passions vives du nouveau chef firent suivre son avènement d'une disgrâce méritée. Monté sur le pavois en 458, il ne put se soustraire bientôt que par la fuite au ressentiment des maris et des pères dont il avait séduit les femmes et les filles. Seulement Guinomand, un de ses partisans fidèles, promit de s'employer à ce que son rappel fût prompt, et cet ami convint de lui adresser, aussitôt qu'il pourrait rentrer, la moitié d'un anneau rompu, dont Childéric emportait l'autre moitié. La Thuringe fut son lieu de retraite.

Cependant Majorien, poussé par Ricimer au trône impérial d'occident, y montait dix mois après la déposition d'Avitus. Homme d'un caractère juste et vigilant, il imposa un traité de paix à Théodoric, chassa de l'Italie Genséric, et puis se rendit en Afrique, où il voulait porter la guerre, afin d'y étudier lui-même, sous un déguisement, les ressources locales de l'Empire. De telles préoccupations laissaient carte blanche à Ricimer, ainsi qu'à Ægidius, sa créa-.ture, qne le gouvernement des Gaules appelait à profiter, une fois encore, de la division des Francs. Les Bourguignons étaient maîtres de Lyon; Ægidius reprit le dessus, laissant dans cette ville une garnison romaine. Mais que se passait-il en Italie ? Ricimer, devenu l'ennemi de Majorien, ne se contentait pas d'avertir les Vandales et les Alains des préparatifs qui les menaçaient en Afrique ; il faisait assassiner Majorien à Voghera le 7 août 461 (1). Ægidius

____

(1) *Hist. des Empereurs,* par Tillemont, t. **VI.**

de céder alors à l'influence de Guinomand,
qu'il avait trouvé à Paris, et qui s'était insinué
dans la faveur de ce préfet des Gaules. Se tournant contre Ricimer, il avait à tenir tête par
cela même aux Visigoths, aux Suèves. A la
rencontre d'Ægidius Théodoric envoya une
armée, que commandait son frère Fréderic;
elle fut battue près d'Orléans, entre la Loire et
le Loiret. Nonobstant cette victoire, le préfet
ne s'attirait pas la sympathie de ses administrés
à suivre les mauvais conseils que le politique
Guinomand lui prodiguait de plus en plus. Les
maris outragés par le roi déposé, sur la
rancune desquels avait passé plus d'une année,
finissaient presque par être, à son égard, du
même avis que leurs épouses : Guinomand le
manda sans peine à Childéric, en expédiant
l'hémycicle annulaire.

Un corps de Francs se porta au-devant du
fils de Mérovée, l'acclama roi comme la première fois. Ægidius traita avec ce prince, et il
fut convenu d'abord que tous deux combat-
traient les Visigoths, avec le concours des Vandales. Le Franc et le Romain, qui paraissaient
d'accord, ne se brouillèrent qu'en chemin.

Ægidius, battu par Childéric, et malmené aussi par Évaric, rendit l'âme à Soissons.

Le galant prince avait à faire une fin : il épousa Basine, veuve du roi Basin, auquel il avait fait partager, en Thuringe, le sort conjugal d'un certain nombre de ses propres sujets. Sans se déterminer un lieu de résidence tout-à-fait officielle, il ne régnait pas moins à Paris qu'à Tournay. C'est encore la pudeur gauloise, dans un de ses revirements, qu'avaient offensée les intrigues du commencement de ce règne ; mais la France, indulgente à ce genre de faiblesses, pressentait que d'excellents princes hériteraient, d'un siècle à l'autre, de cette humeur galante de Childéric, que l'histoire montrerait souvent compatible avec les franchises royales, avec la courtoisie chevaleresque et avec l'esprit national !

Geneviève connaissait la reine et ses trois filles, qui l'aidaient à faire le bien. Le roi ne pouvait pas la voir sans accéder à ses prières, en rabattant d'une rigueur, ou en avançant l'heure d'une récompense. Aussi évitait-il la sainte, un certain jour qu'il avait condamné des coupables, qui n'étaient sans doute que des rebelles, à passer de vie à trépas. Pour que

l'exécution ne fut pas entravée par des obses-
sions prévues, Childéric avait pris les devants
en quittant le palais, une fois l'ordre donné ;
mais Geneviève, qui le vit s'éloigner, pressa le
pas pour arriver à temps. Le cheval que montait le prince s'arrêta court, en hennissant, en
chauvissant, comme si une main invisible ser-
rait la bride malgré le cavalier. Un premier
refus ne découragea pas la chrétienne, qui demandait grâce pour des hommes que déjà le
bourreau saisissait ; elle se pendit à l'étrier du
roi, qui fut forcé de retourner la tête, et ses
regards étaient si suppliants, sa douleur si
compatissante, son dévouement si désintéressé,
que la clémence donna un démenti aux pré-
cautions de la sévérité.

Aussi bien le nouveau royaume n'avait plus
à redouter la revendication romaine : l'empire
d'occident, dont l'agonie s'était tant débattue,
n'existait plus. Le trône de saint Pierre n'en devenait que plus indépendant, bien qu'il n'exis-
tat pas alors d'État de l'Église (1) ; mais Sim-
plicius usait son influence de pape à expulser

____

(1) Pépin-le-Bref et Charlemagne, constituèrent
le royaume temporel du saint-siége.

Pierre Monge du siége d'Alexandrie, Pierre le
Foulon de celui d'Antioche. Syagrius, ce proche voisin de Childéric, qu'avaient fait honoré
et puissant Ricimer et Olybrius, régnait dans le
pays environnant Soissons, et qu'avait gouverné
avant lui son père Ægidius. Quant au fils de
Mérovée, il entreprenait une expédition en
Germanie, au retour de laquelle il devait s'arrêter dans la conquête et dans la vie.

CHAPITRE X.

Miracles et bonnes œuvres.

Il y a dans Pierre le Juge un édifiant chapitre intitulé *Comment ma Dame Saincte Geneviefve passait le Karesme, et de quelques miracles
faits par icelle en la ville de Paris* (1). Sainte
Geneviève, y apprenons-nous, avait accoutumé
de passer le carême, et même le temps qui
séparait du jour de Pâques le dimanche pré-
cédant les Rois, dans un redoublement d'austé-
rités facilité par la retraite, et en cela elle
imitait le Christ qui, après son baptême, avait
été prier et jeûner au désert (2). Elle s'impo-

---

(1) Ch. VII.

(2) S. Matth. , c. IV. — S. Marc, c. I. — S. Luc,
c. IV.

sait alors une vie de pénitence devant laquelle
eût reculé une pécheresse ayant à racheter
toute une année d'iniquités. Le peuple ne la
voyait plus et se demandait si elle vivait encore.
C'est alors que la calomnie avait aussi le plus
beau jeu : partout les méchants se fatiguent
de la réputation du juste ! Des envieux rele-
vaient la tête, appelaient à leur aide les indif-
férents, les oisifs, et des insinuations perfides
étaient remises dans la circulation. Les lâches,
en attendant que l'absente reparut et les rédui-
sit au silence, défrayaient pendant le carême
la curiosité parisienne, que son nom tenait en
éveil plus longtemps que la gratitude : les meilleures gens se taisent, mais écoutent, quand la
malignité essaie de rabaisser un mérite dont
ils ont l'oreille rebattue ! Que ne laissaient pas
dire impunément les obligés de Geneviève ?
Autant la pâleur du visage, une gracilité générale et la fixité du regard auraient dû la faire
accuser de pousser trop loin l'abstinence, autant
lui étaient reprochés jusqu'aux raffinements
de la chère. La chasteté de sa vie tout entière
était réellement écrite sur son front qui, disait-
on, ne savait plus rougir. Avait-elle trempé
dans les affaires publiques, pour préserver le

pays, la cité des plus grandes calamités? les
meneurs en arguaient qu'elle était de conni-
vence avec les ennemis de sa patrie. D'où
venait enfin son empire sur le démon? tout
simplement d'un pacte avec le diable.

Ces infâmes suppositions suggérèrent à une
fille d'Ève le désir impérieux d'en avoir le
cœur net. Avec qui Geneviève avait-elle commerce dans la cellule de sa retraite? Son complice était-il Satan ou un Vandale, un amant
ou un cuisinier? La curieuse, afin de s'initier
à ce qu'on appelait « le secret de la vierge, »
fut se coller en tapinois à la porte de la cellule,
et s'y mit en observation à la faveur de quelque fente, si ce n'est pas du trou de la serrure.
Dieu qui avait puni les Bethzamites d'un coup-
d'œil indiscret jeté dans l'arche (1), ne con-
damna pas moins l'irrévérence, le doute inju-
rieux dont cette femme ne s'était pas gardée :
elle fut privée de la vue. Mais elle avait surpris
Geneviève agenouillée devant la croix, et la
prière qu'avait interrompue l'explosion de sa
douleur fut continuée à son profit : la sainte

---

(1) *Livre des Rois*, c. VI.

obtint que cette infirmité fût temporaire comme sa propre réclusion et finît avec le carême.

Toutefois cette retraite annuelle, qui empêchait la vierge de sortir, ne fermait pas absolument sa porte aux misères qui y frappaient. Elle ouvrit notamment à une malheureuse femme, que déjà elle avait guérie d'un mal affreux, la démonie (1), mais qui, revenue à l'état ordinaire, était frappée d'une autre affliction : son fils, qui n'avait que quatre ans, venait de tomber dans un puits, où il avait passé quatre heures avant qu'on en tirât son corps inanimé.

Dans l'histoire profane elle-même, ne lisons-nous pas que le roi Darius, à la mort d'Atossa, son épouse et fille de Cyrus, voulut dans ses transports chagrins que Démocrite la lui ressuscitât? La mère désespérée ne demandait pas moins à l'héroïne du Vᵉ siècle, avec des pleurs et des gémissements qui eussent attendri un bourreau. Sa démonie, on peut le croire, n'avait été que cette fureur du vice dont le caractère est frénétique, principalement chez les femmes; mais les larmes d'un enfant chéri

---

(1) S. Greg. Tur. *De vitá Confessorum*, 91.

avaient été aussi de l'eau bénite pour expulser
le diable de son cœur. Le petit être avait doublé sa vie, en la renouvelant par des baisers qui
purifiaient des lèvres exigeantes ; il promettait
de longues joies sans mélange et des consolations exemptes de mépris. Tout cela pouvait-il
être repris à la mère, avant même que l'enfant,
qui devait recevoir à Pâques le baptême, eût
un nom à transmettre à la pierre tumulaire (1)?

Geneviève entra si bien et si avant dans cette
peine profonde qu'on eût cru à l'enfant deux
mères. Que nous importe si elle mit en usage
une découverte de sa science, ou si elle reçut
d'en haut le don avec lequel le prophète Elisée
avait jadis ressuscité le fils de son hôtesse (2)?
La vierge tenait celui de la suppliante enve-
loppé dans sa robe brune quand l'asphyxie se
dissipa. L'attention et l'inquiétude avaient
presque arrêté chez la mère elle-même la respiration et la vie ; mais elle sentit son âme tressaillir avec les plis réchauffés de la robe, et
elle vit un sourire de Dieu dans celui de la

---

(1) C'était alors l'usage de baptiser principalement
à Pâques.

(2) *Livre des Rois*, c. IV.

créature restituée à son amour. La veille de
Pâques fut baptisé l'enfant, avec le nom de
Cellomer, qui rappelait sa résurrection dans la
cellule de Geneviève.

Personne, d'un carême à l'autre, n'était plus
accessible que notre sainte, et parfois on en
abusait. Une femme entr'autres, déroba ses
chaussures. Ce larcin fut puni comme l'avait
été une curiosité outrageante à la porte de la
cellule; mais la peine fut encore remise, grâce
à la même intercession. De ce que Geneviève
avait prié pour elle, la voleuse n'en revenait pas :
Job avait pourtant pardonné bien autre chose à
Eliphas, à Baldad, à Sophar (1) !

Une autre fois douze démoniaques furent
présentés à Geneviève. Or le *Rituel* distinguait
huit traits particuliers auxquels les possédés
se reconnaissaient, et les voici : d'abord la sus-
pension du corps en l'air pendant un temps
inusité , ensuite un développement des forces
physiques supérieur à l'âge ou au sexe de la
personne, aussi l'exaltation subite des facultés
intellectuelles, puis la connaissance de ce qui
se passe en des lieux situés hors de la portée

____

(1) Job, 42.

ordinaire de la vue, puis la prescience des
événements, puis la faculté de parler des lan-
gues inconnues, puis l'intelligence de ces lan-
gues, et enfin la compréhension de la pensée
d'autrui avant qu'elle soit exprimée. Chez les
douze possédés adressés à la sainte, se trahis-
sait surtout le premier trait, celui qui leur serait
commun avec les convulsionnaires d'une époque bien postérieure, les jansénistes du cime-
tière Saint-Médard. Les contorsions et le haut-
mal ont pu être quelquefois girie et moyen de
spéculation; mais de nos jours on y reconnaît
souvent un accès de catalepsie, au lieu d'en
savoir mauvais gré au diacre Pâris ou à Satan.
La maladie a-t-elle dégénéré depuis qu'elle va
du physique au moral, après avoir suivi le
sens contraire? D'aucuns répondront : Non,
c'est l'homme. Il se peut que l'apogée du mal
remontant au XIVe siècle, Raymond Lulle ait
eu bien raison de le combattre en ce temps-là
sous ses deux faces à la fois : la quintessence
de Lulle visait en même temps à purger les
humeurs et à chasser les diables (1) !

Insensibles à l'extérieur, les démoniaques de

____

(1) *De quintâ essentiâ*, lib. II.

Geneviève paraissaient ne pas l'être moins à ses conseils : ils gambadaient et ils vociféraient que c'était à faire frémir. La présence d'une sainte, se disait-on, brûle les douze diables qui se débattent dans le corps de ces malheuheux, et qui les contraignent à donner en importunant le public la mesure de ce qu'ils souffrent. Geneviève leur ordonna d'aller incontinent en pèlerinage à l'église qu'elle avait élevée en mémoire de saint Denis. A ce nom seul ils se calmèrent; mais, un état de prostration succédant à leur frénésie, ils se plaignaient de l'esprit infernal, qui ne lâchait pas prise encore, rendant pour eux vaine la volonté, inutile un conseil, vague l'idée du bien, inaccessible un but.

On leur lia les mains derrière le dos, et cette entrave aux pirouettes diaboliques ne devait pas accélérer la marche. Ils entrèrent toutefois dans le temple deux heures avant Geneviève, pour en sortir affranchis d'un genre d'infirmité qui n'avait pu les suivre devant l'autel.

Place maintenant à l'épisode de Fruminius !

Cet habitant de Meaux était-il avocat, ou

l'avait-il été? Cette dernière version honore
plus que l'autre l'histoire du barreau, car Fruminius était devenu sourd. Passe encore s'il
eût été juge! Un méchant avocat s'écoute beaucoup trop, et l'ouïe se perdrait à moins, sans
compter qu'à l'issue de toutes les audiences,
les reproches des clients qu'il a eu la prudence
de rançonner d'avance, lui déchirent encore le
tympan! Fruminius aurait bien voulu n'être
que sourd : les répliques de ses adversaires
n'avaient plus à l'importuner, ni les murmures
partis de l'auditoire, ni les interruptions du
juge, et il faisait encore mieux son deuil du
prononcé des jugements. Mais de plus il boi-
tait, ce qui le gênait fort pour courir après les
affaires, quand elles ne venaient pas à lui. Se
vouer à la magistrature curiale, en s'attachant
par des fonctions assises à une subdivision de
la tribu, n'était-ce pas renoncer à l'exercice
constant de la parole? Infirmité encore plus
cruelle que les deux autres pour un avocat!

Fruminius connaissait personnellement Geneviève, parce qu'elle possédait à Meaux « quelques
biens et héritages (1), » et il était possible que

_____

(1) *Histoire de Sainte Geneviève,* par Pierre le
Juge, liv. 1, ch. IX.

l'avocat ne fut pas étranger à l'administration de ce petit domaine. Il nous appartiendra de reconnaître, cette hypothèse admise, que Fruminius fut largement payé des services rendus à la vierge, car il put la quitter ayant recouvré l'ouïe et marchant droit : il y avait quatre ans que les médecins ordinaires lui torturaient le pied et les oreilles, en exigeant de l'avocat, à leur tour, des honoraires mal gagnés.

Tout succédait glorieusement à Geneviève, dès qu'elle payait de sa personne; mais les bonnes et les grandes actions qui commandaient l'admiration des hommes, dont la sainte se fut bien passée, n'augmentaient qu'en raison des actes religieux, mouvements de son âme qui progressait en Dieu.

Bien loin que la réputation de cette femme supérieure s'arrêtât aux limites d'une province ou d'un royaume, les tablettes des voyageurs popularisaient jusqu'en orient les faits et gestes de sa vie. Il y avait, par exemple, à Antioche un disciple de saint Jean Chrysostôme, que l'on nommait Siméon de la Colonne, parce que, pendant quarante ans, il habita par pénitence une colonne située hors des murs de la ville (1);

______

(1) Niceph., liv. XIV, ch. xxx, li.

lorsque ce Siméon voyait passer, dans quelque
rue d'Antioche, un marchand ou un pèlerin
dont les habits ou dont les traits lui signalaient
un étranger, il allait droit à lui. — « Mon ami,
« disait-il alors, si tu quittes la Syrie, et qu'un
« jour tu t'arrêtes dans la ville des Parisiens,
« je te prie de saluer Geneviève de ma part ;
« fais-moi la grâce de demander pour moi une
« place dans ses prières. »

Quand Geneviève voyageait, le bienfait entrait avec elle dans les provinces situées sur
son passage (1).

On ne s'étonnera pas qu'elle ait été à Meaux,
puisqu'elle s'y trouvait propriétaire. Si l'héritage dont elle y disposait venait de son parrain
ou de sa marraine, c'était probablement un de
ces *bénéfices* qu'avaient donné les princes de la
conquête à leurs amis ou à leurs protégés ; si au
contraire, elle y succédait à son père ou à sa
mère, c'était une concession territoriale d'origine romaine, que les conquérants de passage
et les Francs avaient respectée, mais en l'hypo-

---

1) « *Non autem Sancta Genovefa mansit in ur-
bem parisiacam.* » — Salvius, *Vita Sanctæ Genovefæ*, c. v.

théquant de nouveaux tributs. Fruminius avait
pour voisine, dans ce pays, une fille de bonne
maison nommée Céline, qui profita du passage
de la sainte pour lui demander un service.
Céline amenait elle-même sa servante, qu'un
fâcheux état de santé comdamnait à l'inaction,
et que Geneviève lui rendit bien portante. La
satisfaction de la maîtresse n'eût pas été plus
vive pour une allégeance personnelle, et l'idée
lui en vint de se faire servante du Seigneur,
comme nous verrons au chapitre.

Parcillement dans la Brie, elle rendit à un
homme l'usage d'un bras et d'une main qu'il
avait secs, paralysés jusques au coude : —
« Tâche, dit-elle à cet homme quand il la re-
« mercia en versant des larmes de joie, tâche
« que cette main là n'ouvre jamais ses doigts
« pour s'emparer d'une mauvaise action.

Ces deux bonnes œuvres firent que le passage
de notre sainte à Meaux prit place dans la mémoire publique, et pour des siècles, parmi les
traditions qu'un père de famille s'estimait heureux de léguer. On raconta aussi dans toute la
province, et d'une génération à l'autre, avec
une bonne foi dont le secret n'est perdu entièrement que par la mauvaise, comment le champ

de sainte Geneviève fut, un jour de moisson,
entièrement préservé de pluie, pendant que
tous les travailleurs étaient forcés, par un
orage, de quitter les champs d'alentour en y
laissant souffrir le blé encore en pied, ainsi
que les gerbes déjà faites.

Il est probable que ce voyage à Meaux fut
continué sur Orléans, où la Parisienne s'arrêta
quelques jours, et elle y visita nécessairement
le tombeau de saint Agnan, dont elle avait
appris la mort avec de bien justes regrets. Cet
évêque avait contribué à l'émancipation de son
pays, qui n'avait pas un meilleur citoyen; il
avait préféré à l'autocratie d'Attila l'autorité
romaine, parce qu'elle était pondérée par plus
de garanties que le pouvoir n'en donnera jamais
au patriotisme local. Un évêque de cette époque
était aussi un magistrat, qui exerçait un pouvoir
temporel; mais son mandat émanait de l'élection. La société religieuse, au lieu que l'ébran-
lassent les commotions de la société politique,
gardait devant les conquérants une attitude indépendante, en mettant l'avenir au-dessus du
passé. La conversion des Bourguignons et des
Visigoths avait fait communier ces deux peuples
avec les Gallo-Romains, avant les autres peu-

ples barbares; seulement l'arianisme avait bientôt amené leur dissidence. C'est pourquoi les évêques leur avaient préféré les Francs, restés payens pour la plupart, mais qui comptaient aussi des catholiques sans arrière pensée hérétique. Saint Agnan était inhumé à Orléans, dans un oratoire appelé à devenir une grande église.

Jusque dans cette chapelle, une dame de la ville, nommée Fraterne, vint confier sa peine à Geneviève : — « Ma fille Claude, lui dit-elle, « est abandonnée des médecins; je l'ai laissée « sur un lit de douleur.

— « Vous vous trompez, madame, fit la vierge; « ne vous désolez plus inutilement : votre fille « Claude est sur pied. »

La bonne dame de rentrer au logis, dont sa fille lui ouvrit effectivement la porte, et la maladie était loin.

Geneviève rencontra un jour, dans la même ville, un homme qui, hors d'haleine, et le glaive à la main, poursuivait un esclave qu'il en allait frapper. La vie d'un homme, et même d'un homme tout-à-fait libre, n'était pas chère alors: on payait un *wehrgeld* à la famille du mort, tout était dit. La vierge néanmoins s'ap-

procha du furieux et lui adressa ces représentations : — « Ne feriez-vous pas bien de
« surmonter cette colère en pardonnant à votre
« esclave ! Je veux qu'il soit coupable, mais
« souvenez-vous que s'il ne l'était pas, vous ne
« trouveriez pas aussi belle occasion d'exercer
« la miséricorde.» La sortie, bien que juste et
bonne, ne se trouva nullement du goût de
l'homme armé, et il n'en fit pas compliment
à la maudite inconnue dont l'apostrophe ma-
lencontreuse avait laissé le temps à l'esclave
de gagner le large. — « Prenez garde, reprit
« l'étrangère, prenez garde que Dieu use de
« la même sévérité à votre égard! » Le maître
de l'esclave passa outre, et recourut chez lui
pour y attendre le fugitif, sur lequel il jurait
d'assouvir sa colère. Le lendemain de grand
matin, qui la vierge voyait-elle arriver en
litière, au seuil de la maison où elle séjournait?
C'était le bouillant personnage qui, saisi d'une
fièvre chaude, avait passé la nuit à s'en vouloir
d'avoir fait aussi peu de cas des conseils paci-
fiques de notre voyageuse. La vierge en profita
d'abord pour obtenir la grâce de l'esclave,
après quoi elle rendit au maître et la tran-

quillité de la conscience et la santé (1).

D'Orléans, nous la voyons passer à Tours par eau. La Loire ne lui est pas plus clémente que la Seine : le vent d'ouest y fait contre-courant, mais la navigation n'en est d'abord que ralentie. Un orage la rend périlleuse, et quel orage ! Le fleuve s'en émeut si fort qu'il a l'air de changer de lit. Des génies malfaisants jettent dans la manœuvre un désordre à l'avenant, en harcelant les gens de l'équipage. Geneviève reprend donc l'emploi de timonier, dont elle a fait l'apprentissage ailleurs, et tout d'un coup le vent s'abat, la pluie cesse, les démons ont fui. Gagnée par la fatigue, elle remet le gouvernail entre les mains d'un marinier : des bourrasques ramènent aussitôt les embarras. La partie ainsi engagée entre la vierge et la tempête est comme un jeu de cligne-musette ; mais le gagnant met enfin pied à terre.

Notre sainte a dû entreprendre tout ce voyage dans l'intérêt de l'église édifiée sous ses auspices à Saint-Denis : n'avons-nous pas vu un concile de Tours régulariser cette fondation ?

______

(1) *Vie de Saincte Geneviefve*, par Guillaume le Bas, liv. 1, ch. xv.

Néanmoins la première visite de la sainte est
due au sépulcre de saint Martin, dans cette
ville qui a pour hôte, en même temps qu'elle,
Arédius. Ce personnage consulaire s'est mis en
route à un âge déjà avancé, afin de ne pas
mourir sans avoir fait aussi ses dévotions sur
la tombe du grand évêque, où s'opèrent de
nombreux miracles (1).

Que si nos chers lecteurs ont bien raison de
ne plus avoir peur du diable, ils n'en doivent
pas moins créance aux récits des temps héroï-
ques du christianisme, qui nous montrent des
saints, vivants ou morts, aux prises avec Satan.
Nous y trouvons toujours des faits qui appar-
tiennent à l'histoire, quand même on les déso-
rienterait du caractère miraculeux. Si les
grands hommes des premiers siècles avaient
été réellement des imposteurs ou des halluci-
nés, tous leurs noms seraient remplacés au
frontispice de nos églises par la litanie des
athées qui, à toutes les époques, les ont ainsi
qualifiés. Mais les saints étaient tous, sans

----

(1) S. Grég. Tur. — *De glor. Confess.* cap. IX, X, XI.
— *Hist. Franc.*, lib. XX, cap. XXXVII. — Id. lib. X
cap. XXIX.

exception, en avance sur leur siècle par l'instruction et par le sens moral, avant que d'autres forces, qui leur venaient directement de
Dieu, ouvrissent devant eux le panthéon de
l'Eglise, sans leur fermer celui des gloires hu-
maines. Puisque le diable est le génie du mal,
nous n'avons pas loin à courir pour le retrouver
à toute heure, mais sous des formes plus trom-
peuses qu'autrefois. Quelques unes de ces appa-
rences mensongères détournent, par le temps
qui court, et s'appliquent le respect dû aux
choses sacrées; mais nos neveux n'auront pas
tort de s'en faire des gorges chaudes.

Avant que sainte Geneviève ait mis le pied
dans l'église de Saint-Martin, plusieurs énergumènes cherchent à lui barrer le passage,
annonçant publiquement qu'en eux sont les
démons qui ont mis en péril la vie de sainte
Geneviève tout le long de la Loire, et que
n'ayant pas réussi à lui faire rebrousser chemin,
ils se sentent déjà torturés par ses mérites réunis à ceux de Martin. Ces démoniaques touran-
geaux, sont-ils des fous ou des impies ? Bien
des énergumènes du moyen âge sont frappés
vraisemblablement de l'une ou de l'autre de
ces afflictions, qui pourtant vont très-bien de

pair pour en faire la proie des visions infernales. La sainte, qui n'a rien à craindre de
leurs fureurs, entre à l'église malgré eux ; elle
en sort, munie de nouvelles forces contre le
mal, et touche avec un signe de croix le front
de chaque possédé : il n'en fallait pas davantage
pour exorciser, puisque *ses doigts brulaient l'esprit malin comme autant de chandelles allumées.*

Le bruit qui s'en répand lui attire la visite
de trois hommes de qualité, qui lui confient
sous le sceau du secret que malheureusement
leurs épouses sont en commerce avec le diable.
Beaucoup de maris, en des cas identiques,
aiment encore à douter ; ceux-là affirment: les
gens de qualité sont rarement aussi francs ou
aussi malheureux ! Ces trois grands personnages figurent probablement parmi les *vassi* de la
nouvelle noblesse , et peut-être parmi les *opti-
mates*, encore plus élevés dans la hiérarchie
sociale : tous les rangs s'égalisent quand le dia‾
ble s'en mêle ! La vierge se dérange pour aller
voir les trois épouses qu'on a eu l'excessive
prudence d'enfermer, et l'honneur des maris
lui faisant un devoir d'éviter tout éclat, elle
agit avec précaution pour rendre la sérénité
à leurs foyers comme si rien n'était.

Le lendemain, sa lutte avec Satan a pour théâtre le lieu saint. Geneviève a beau s'y tenir à l'écart avec modestie, selon que le conseille l'Evangile en ces termes, *que si nous voulons prier Dieu, il ne faut pas nous mettre en vue comme les pharisiens* (1) ; elle a beau, disons-nous, se fortifier dans la citadelle de l'oraison, l'ennemi de tous les saints lui décoche une flèche qui vient tomber dans l'enceinte réservée. Le démon, à vrai dire, n'y est entré que dans le corps d'un chantre, et la réputation tradition-nelle des orphéonistes du lutrin nous fait crain-dre que ce soit sous la forme du vin. Le mal-heureux s'arrache les cheveux, se déchire la face avec les ongles, se heurte à des colonnes, et puis il tombe, pris d'affreuses convulsions, aux genoux même de la femme qui s'est age-nouillée solitairement devant le tombeau de l'évêque. Elle se lève pour commander au dia-ble de laisser en repos ce chantre, par la bouche duquel le diable lui répond qu'il sortira, puis-qu'elle l'y contraint ; mais Satan pousse, par un dernier effort, l'esclave des passions infernales à menacer la vierge d'un grand outrage. Tant

____

(1) S. Matth., c. vi.

d'audace méritait vraiment que la légende nous
montrât jusqu'au bout les côtés répugnants de
cette démonie ; on y rend la parole au diable
comme voici : — « Pour quitter le corps de ce
« chantre, je veux au moins lui emporter un
« œil. » C'est pourquoi Geneviève, dit toujours
la légende, lui donne l'ordre de sortir par en
bas, ce qu'il fait aussitôt avec un énorme flux
de sang et une infection détestable. Et le chantre peut sur le champ retourner à son pupitre :
il y va faire sa partie.

Tours est trop éloigné de Laon pour que la
Parisienne voie ces deux villes dans le même
voyage. Mais sa présence dans le diocèse de
saint Rémy, archevêque de Reims, peut très-
bien s'expliquer par l'envie de rencontrer cet
éminent prélat soit à Laon, soit dans une ville
voisine : on y reçoit Geneviève avec beaucoup
d'honneurs.

Les parents d'une jeune personne de Laon,
paralytique depuis neuf ans, la recommandent
à ses bontés, et cette famille est si considérée
que tous les notables de l'endroit joignent leurs
instances aux siennes. La voyageuse va trouver
la malade, dont les membres sont infle-

xibles, et déjà sa présence relève un moral abattu par une douloureuse langueur.

L'arrivée d'un médecin qui inspire la confiance produit souvent un retour analogue, surtout quand le sujet est jeune. Que de fois la science humaine a emprunté elle-même à l'imagination, en excitant cette faculté par des lectures ou des discours au point où elle acquiert une influence curative! Le magnétisme sait-il faire autre chose? Comment la même puissance serait-elle contestée à Dieu et à ses saints? Quel médecin aurait donc raison de la faiblesse, si Geneviève ne venait pas à bout de l'impotence?

Entendez-la demander à la jeune fille : — « Viendrais-tu avec moi louer Dieu, si tu étais « rendue à la santé. »

— « Oh oui, lui répond-elle, » en s'habillant déjà sans avoir besoin d'aide.

Toutes les deux, un moment après, assistent au service divin. Elles ne se quittent pas sans regret, le jour du départ de la sainte, que la jeune personne a tenu à reconduire jusqu'à une assez grande distance de la ville.

CHAPITRE XI.

Fondation d'une Communauté religieuse.

Depuis longtemps Geneviève voyait venir à
elle, dans la grande ville, des jeunes filles et
des veuves, curieuses de prendre le voile sous
ses auspices, pour allier comme elle la vie
contemplative aux exercices de la charité. Le
nombre en était à la fin si grand que Geneviève
ne pouvait plus les assister suffisamment de
ses conseils, les soutenir de sa surveillance,
leur distribuer la surcharge de sa tâche, l'une
habitant chez ses parents et l'autre seule, celle-
ci près et celle-là loin. Aussi bien, elles se
montraient trop de leur pays et de leur sexe,
en compliquant d'un reste de coquetterie la
simplicité des costumes taillés d'abord sur le
même patron. Telle chaussait des souliers lui-

sants et qui craquaient à faire retourner les passants; telle autre négligeait sa chevelure avec trop d'art ou pas assez; une troisième aurait dû supprimer un nœud de ruban qu'elle plaçait comme une étiquette ; une autre enfin se drapait d'une écharpe violette qui laissait voir une ceinture trop riche, double emploi peu réglementaire : ces disparates extérieures n'étaient-elles pas en contradiction flagrante avec l'unité du but qu'elles se proposaient?

Aussi l'idée vient-elle à notre sainte de réunir un certain nombre de vierges et de veuves ayant fait leur vœu séparément, pour leur donner le même gîte et l'uniformité complète de l'habit. C'est une communauté religieuse que fonde alors Geneviève, près de l'endroit où s'élévera plus tard l'église Saint-Jean-en-Grève. Ce même établissement ne survivra d'abord que peu de temps à la fondatrice, mais il sera ensuite remis sur pied par un des officiers de Louis IX, Étienne Haudry, et ouvert à des veuves qui, pendant longtemps, y exerceront la profession religieuse , avant de changer de quartier : on les nommera ainsi les Haudriettes. Nous venons toutefois d'appeler communauté ce que nos devanciers ont élevé d'un

degré en le nommant couvent. Il y a certainement une assez grande différence entre ces
deux qualifications ; mais beaucoup de monde
s'y trompe, voire même beaucoup d'historiens.
Les archives monacales justifient notre modestie à l'endroit de l'institution de sainte Geneviève, en attribuant la fondation en France du
premier monastère de filles à saint Césaire
d'Arles, en l'année 507.

Lucère, une jeune fille de Bourges, se dé-
payse pour solliciter son admission dans cette
communauté où tout est chaste. Geneviève l'accueille avec une bonté qui ne s'est jamais dé-
mentie, mais qui n'exclut pas la prudence. Il
faut bien qu'elle demande à Lucère, qui se
montre jalouse d'apporter à Dieu son amour,
si elle a conservé la libre disposition de cette
attention du cœur. Lucère lui répond : — « J'é-
« tais toute jeune quand j'ai promis à Dieu de
« lui garder le trésor d'affections dont mon
« cœur lui est redevable. J'ai rempli cette obli-
« gation. Pourtant j'ai reconnu que les pierres
« d'achoppement sont nombreuses sur la voie
« du ciel ; en conséquence je vous prie instam-
« ment, ô vierge, ma sœur aînée ! de souffrir

« que j'y marche dorénavant sous l'égide de
« votre exemple et de votre direction.»

Cette déclaration rassurante n'a pas été faite
tout d'un trait : la pudeur a-t-elle bien suffi à y
marquer des temps d'hésitation, dont le sens
aurait échappé à la perspicacité d'un juge ordinaire plus aisément qu'à la finesse d'une femme? Celle-ci ne peut regarder celle-là tout-à-
fait en face sans lui faire baisser des yeux qui
ont peur d'en dire davantage. Alors la supérieure se rapproche de la novice, pour donner
à la conversation un tour intime, peut-être
aussi pour empêcher que les portes aient des
oreilles, et elle s'exprime ainsi : — « S'il suffi-
« sait, Lucère, de garder une réputation de
« sagesse et de chasteté pour accomplir une
« promesse comme la tienne, il te serait loi-
« sible de me répondre comme tu viens de le
« faire. Mais faut-il te dire la saison, l'heure et
« le lieu où tu t'es oubliée? Faut-il nommer le
« complice de ta faute?..... »

A ces mots la novice s'inclinait dans la con-
fusion ; mais, pour la punir d'un mensonge, la
vierge poursuivait et lui prouvait qu'elle n'i-
gnorait pas les circonstances de sa chute, pour
si secrètes qu'elle les eût tenues. Le peu de

forces que lui laissait la honte, Lucère les
rassemble pour avouer ses torts. Elle supplie
pour être autorisée à les racheter près de
Geneviève par une longue pénitence, en mettant la pudeur suprême du repentir à la place
de la fausse pudeur qui venait d'être démas-
quée.

Céline de Meaux, cette fille de condition dont
Geneviève a guéri la suivante dans le pays de
maître Fruminius, se trouve dans d'autres conditions le jour où elle demande à être reçue
dans le même établissement. Que la scène se
passe à Paris ou à Meaux, où Geneviève a dû
retourner, ne fut-ce que pour réaliser la vente
du petit bien dont sa communauté avait besoin,
l'incident est acquis à l'histoire de notre héroïne,
et il ne manque pas d'intérêt. Geneviève ne laisse
pas que d'être surprise de la démarche de Céline
et de sa détermination au moment où, de par
le monde, on regarde comme prochain et comme certain son mariage avec un jeune compa-
triote. Deux familles sont d'accord, le jour est
pris, la dot est belle, et la fiancée l'est plus encore, mais elle se ravise, elle brise d'avance
l'anneau nuptial, et elle préfère au voile que la
mariée ne garderait pas plus d'un jour, le voile

de la virginité pour jamais consacrée à Dieu. La supérieure ne lui épargne pas les objections : n'y a-t-il dans le fait de cette conversion ni expédient, ni dépit, ni caprice, ni inclination contrariée? Il faut une vocation absolument indépendante des contrariétés du moment, avant d'entrer en religion. Mais la jeune personne se montre si ferme dans ses résolutions et aspire avec tant d'ardeur à la perfection qui ne réside pas dans les attachements humains, que Geneviève lui dit : — « Céline, tu es ma sœur. »

Or, il est une règle qu'on observe déjà, et à laquelle l'autorité d'une loi sera bientôt donnée par Justinien (1), défendant aux religieux de donner l'habit aux novices avant plusieurs années d'épreuves ; il s'ensuit que Céline, à plus forte raison, n'appartient pas immédiatement à une communauté, qui n'est pas tout-à-fait couvent.

Le fiancé de la transfuge, tout bouillant encore d'un amour qui se sent fort d'une promesse antérieure, n'en veut pas résoudre le lien : l'absence ne guérit pas son mal, l'obstacle irrite sa volonté, et son amour-propre

---

(1) Ch. ii, *Novella* 5.

souffre moins des mépris d'une femme aimée
que son orgueil n'est exalté par l'état de riva-
lité qui lui donne Dieu pour émule. Le silence
des parents de Céline prouverait, au contraire,
leur consentement à sa prise de voile; d'ailleurs
l'autorité du foyer domestique expire déjà au
seuil de la maison de Dieu, en vertu de dispositions légales qui vont être aussi confirmées
dans les *Novelles* de Justinien (1). Par conséquent, la passion du fiancé proteste dans l'isolement contre un changement de volonté aussi
licite que manifeste, et il ne faut pas s'étonner
qu'elle le pousse à des extrémités. Il rencontre
un jour sainte Geneviève et Céline dans la rue;
mais elles détournent la vue ; il a parlé, et toutes les deux passent. Désespérant de reprendre
un empire qu'il n'a déjà plus sur lui-même, il
s'arme; les deux femmes n'ont que juste le
temps de gagner une église, dont les portes
fermées s'ouvrent et se referment avant l'arrivée du furieux, par un miracle qui lui dessille
les yeux et le désarme. Il s'éloigne, tout confus

« *Interdicimus autem parentibus filios suos, mo-
nasticam vitam eligentes, à venerabilibus monas-
teriis abstrahere.* »

d'avoir justifié par un tel accès de violence la rupture dont il subira les conséquences comme un arrêt du ciel.

Et désormais Céline suivra sans inquiétude, et en faisant beaucoup de bien, les sentiers aplanis de la vocation religieuse. Lorsque Dieu, à son tour, la rappellera vers lui dans son amour, l'Église à juste titre canonisera la jeune fille de Meaux, mettant sa fête au 21 octobre.

CHAPITRE XII.

Clovis.

Clovis, fils de Childéric et de Bazine, succédait à son père dès 481 ; il n'avait alors que quinze ans. La province parisienne se trouvait détachée, à cette époque, non pas absolument des états conquis par les Francs, plus divisés qu'au temps de Childéric, dont les enfants étaient nombreux, mais du pays échu au jeune roi, resserré à l'orient et au midi par la mer et l'Escaut, à l'ouest par les diocèses de Thérouanne et de Boulogne, au sud par le diocèse de Cambrai. Les Francs-Saliens semblaient fixés dans la Ménapie restreinte aux diocèses de Tournay, de Gand et d'Ypres; les Francs-Ripuaires étaient maîtres du territoire de Cologne; la tribu de Cararic occupait le pays des

Morini, Thérouanne et Boulogne, et enfin la tribu de Ragnacaire tenait Cambrai avec les environs. La capitale de Clovis était Tournay; mais il avait sous ses ordres la plus puissante des tribus franques, dite mérovingienne en même temps que salienne. D'autres chefs de tribus portaient le titre de roi, tout en relevant de Clovis, dont le génie allait faire concourir tant d'autorités divergentes à la fondation de son empire. Quelles dominations différentes les Gaules subissaient alors! Syagrius commandait à Soissons, comme successeur de son père Ægidius, et au nom de l'autorité impériale; Gondebaud dominait à Lyon, avec le titre de patrice romain, combiné avec la qualité de roi des Burgondes ou Bourguignons; le roi des Visigoths disposait de Toulouse et de tout le midi; les Bretons de l'Armorique étaient rentrés, à l'occident, dans la plénitude d'une indépendance qui ne respectait pas celle des Gallo-Romains, dans les provinces limitrophes.

Clovis, avec l'appui de Ragnacaire et de Cacaric, ses parents, remporta une grande victoire, en 486, sur le roi de Soissons et de la deuxième Belgique, à neuf milles de sa capitale. Syagrius, après cette défaite, se réfugia

chez les Visigoths ; mais il y fut trahi et livré à
Clovis, qui le fit mettre à mort. Le roi des
Francs, bien qu'il eut établi sa demeure dans
la ville de cet ennemi vaincu, étendit sa domination depuis l'Aisne jusqu'à la Seine. On regarde pourtant son entrée à Paris comme postérieure de sept années à la bataille de Soissons.

Dans tous les cas une femme a dû saluer
l'arrivée de ce nouveau prince comme le plus
heureux des retours, et cette femme est la
même que les rois ses prédecesseurs ont déjà
prise, en plus d'une rencontre, pour ministre de
grâce. Le voyage de Geneviève à Laon s'expliquerait aussi bien par une démarche à faire
près de Clovis, puisqu'il a résidé non loin de
Laon. Le moyen de croire que la sainte ait été
la dernière à espérer, à pressentir, à apprendre
la conversion du Fils aîné attendu par l'Église !
N'est-il pas difficile de croire que l'héroïne parisienne n'y ait pas coopéré ?

Le roi des Francs est encore un payen et un
barbare, qui ne se contente pas de vaincre : il
extermine. Ses soldats pillent les églises, et l'é-
pisode connu du vase de Soissons montre que
son autorité est débordée par le droit de la
guerre. Ce n'est pourtant pas en aveugle que

Clovis se transporte chez Gondebaud, frère, as-
sassin et successeur de Chilpéric, dont la cour
est arienne jusques à la fureur, et qu'il y
épouse la princesse Clotilde, catholique restée
pure des atteintes de l'hérésie. Au point de vue
politique, il se ménage ainsi la neutralité de
Gondebaud et de Godésigèle, deux princes
bourguignons, et de plus il acquiert des droits
irrécucables, ceux de Clotilde, sur l'héritage
de Chilpéric (1). A cette reine revient surtout
l'honneur de préparer la conversion de Clovis
à la religion chrétienne, que professent, non-
seulement presque tous les Gaulois, mais encore une partie des Francs, et tous les Visigoths, comme tous les Bourguignons, tant ariens
que bons catholiques. Les conquêtes poussées
par ce prince, en ce temps là, jusque chez les
Armoricains, y ont à combattre également les
répugnances d'un pays catholique pour la domination d'un roi barbare, et pourtant l'avenir
s'annonce déjà meilleur, puisque les enfants de
Clovis et de Clotilde reçoivent le baptême en
naissant.

---

(1) La meilleure chronique, en ce qui regarde le
mariage de Clotilde, est encore le roman d'Aimoin.

C'est au commencement de l'année 496 que
des Allemands en foule, *Allemanni*, passent le
Rhin, pour attaquer les Francs de Cologne,
dont le chef ou le roi Sigebert appartient, lui
aussi, à la famille de Clovis, encore plus nombreuse que celle d'Agamemnon, mais que n'ont
pas chantée d'aussi grands poètes (1). Théodoric, roi d'Italie, a lui-même épousé Alboflède,
sœur du roi des Francs, et il fait entrer de ses
troupes dans les rangs de l'armée qui présente
la bataille aux Allemands, près de Cologne,
dans la plaine de Tolbiac. Combat sanglant,
victoire disputée! Sigebert, blessé au genoux,
a quitté le champ de bataille, ses soldats rom-
pent, et l'ennemi gagne du terrain; Clovis,
dans cette extrémité, se souvient du dieu des
chrétiens, et il promet de lui appartenir si la

____

(1) Desmarets a fait un poème intitulé *Clovis*. Li-
mojon de Saint-Didier a publié un poème de *Clovis*,
1725, in-8°. Un troisième poème de ce nom a é'é
donné par Lejeune, 1764, 3 vol. in-12. L'Héritier
Nouvelay a fait représenter, en 1638, sur l^e théâtre
de l'hôtel de Bourgogne, une tragédie de *Clovis le
Grand, premier roi chrétien.* Les Italiens ont une
tragédie de *Clodoveo triunfante,* 1644, in-4°, etc.

victoire revient de son côté. Sa prière est à peine faite que le roi des Allemands tombe frappé à mort, devant les Francs qui ont repris courage, et la journée est glorieuse pour Clovis, qui fait nombre de prisonniers : circonstance attestant déjà un grand progrès au point de vue de l'humanité !

Quelques chefs Allemands réussissent, il est vrai, à s'échapper; mais, quelque temps après, Théodoric demande leur grâce, en envoyant, avec d'autres présents, un chanteur Italien qui s'accompagne sur la cithare, et que son beau-frère a demandé (1). Comme on voit, les mœurs s'adoucissent, et les arts reprennent quelque empire !

Fidèle à sa promesse, Clovis se fait instruire

____

(1) Dans une lettre de Théodoric à Clovis, le roi d'Italie s'exprime ainsi : *Citharœdum etiam arte suâ doctum pariter destinavimus expetitum, qui ore manibusque consonâ voce cantando gloriam vestræ potestatis oblectet.* Et dans la lettre xi du même roi, adressée à Boëce, il est écrit : *Cum rex convivii nostri famâ pellectus, a nobis cytharœ- dum magnis precibus expetisset.* (D Bouquet, *His- toriens de France*, t. IY, p. 5.

des mystères de la foi, et le 25 décembre il est baptisé à Reims par saint Rémi, évêque de cette ville. Ses deux sœurs, Alboflède, qui était encore païenne, et Landechilde, déjà chrétienne, mais arienne, reçoivent le premier sacrement en même temps que ce prince et que plusieurs milliers de guerriers francs ; pour cette cérémonie grandiose sont déployées de grandes tentures peintes, et l'encens qu'on y brûle à profusion parfume si bien l'air que respirent tant de néophytes, sur lesquels plane aussi la grâce, qu'ils y savourent avec délices un avant-goût du paradis (1).

Bien que le nouveau prince chrétien n'hiverne pas alors à Paris, la nouvelle de sa conversion y est fêtée comme une autre victoire, et surtout elle comble les vœux de deux femmes qui vivent sur la terre dans des sphères bien

---

(1) « *Velis depictis adumbrantur plutex ecclesiæ, cortinis albentibus adornantur, balsama diffuduntur, micant flagrantes odore cerei, totumque templum baptisterii divino respergitur ab odore ; talemque ibi gratiam adstantibus Deus tribuit, ut æstimarent se paradisi odoribus collocari.* » (Greg. Tur., *Hist. Francorum*, lib. II. cap. XXXI.)

différentes, mais que le ciel rapprochera tout-
a-fait, l'une et l'autre s'élevant au rang de ses
élus : sainte Geneviève et sainte Clotilde, la
femme du peuple et la reine. Quand le roi et
la reine passent à Paris, Geneviève en profite
pour augmenter la somme de ses bonnes œuvres. Aussi Pierre le Juge se défend-il de passer
sous silence « comment Clovis, cinquième roy
« de France, et premier chrestien en ce temps-
« là, après avoir receu la grâce du sainct bap-
« tesme et embrassé la religion catholique, la
« révéroit et aimoit fort, tellement qu'en faveur
« d'elle bien souvent (comme nous avons dict
« cy-dessus de son père Childéric) a donné la
« grâce à plusieurs prisonniers et criminels, et
« pour l'affection qu'il luy portoit, a laissé
« libres ceux lesquels autrement il eust faict
« mourir cruellement (1). »

Les cités confédérées de l'Armorique et
d'autres localités voisines de la Loire ne
faisant plus difficulté de reconnaître l'autorité d'un chef qui reconnaît celle de Dieu,
les Francs forment déjà un seul corps de
nation avec les habitants de tout le territoire

-----

(1) *Hist. de Ste Gen.*, l I, ch. XI.

que n'occupent pas, dans les Gaules, les Visigoths et les Burgondes. Sur les frontières de
ces derniers, le même motif détermine des
troupes impériales à passer au service du conquérant, en lui ouvrant des places où elles
n'ont pas cessé de tenir garnison. Le territoire
de Clovis s'accroît donc, en même temps que
son armée, et celui de Gondebaud ne s'étend
déjà plus des Vosges aux Alpes et à Marseille,
puisque Gondebaud a déjà dû en céder une
portion à son frère Godégisèle, secrètement
allié avec Clovis. Dans cet état de choses, irrup-
tion des Francs sur le territoire bourguignon.
Pour commencer, combat près de Dijon, défec-
tion de Godegisèle, avantages successifs rem-
portés sur Gondebaud, qui est forcé de quitter
Lyon et Vienne. Puis, quoique le vaincu soit
assiégé à Avignon, et que la nationalité des Bourguignons coure déjà le risque de l'annexion,
un traité intervient, négocié par le sage Aredius,
que Geneviève a rencontré à Tours, et Godégisèle rentre en grâce près du frère qu'il a trahi,
en recouvrant aux termes du traité son commandement, ses biens et ses honneurs. Mais à
peine Clovis a-t-il signé la paix avec les Bourguignons, Gondebaud relève le masque : cinq

mille soldats francs restés en arrière-garde,
sont traités comme des prisonniers et envoyés
sur le territoire d'Alaric, roi des Visigoths;
Godégisèle est tué. Clovis reparaît donc, et il
ne se retire qu'après avoir imposé des conditions beaucoup plus dures au roi des Bourguignons, son tributaire.

Enfin l'an 507, Clovis rentre à Lutèce et, de
parti délibéré, érige la ville des Parisiens en
capitale de ses états. A lui donc la maison impériale des Thermes, que l'historien Zozime
nomme par excellence « la basilique, (1) » soit
comme demeure des souverains, soit comme dépôt dela compilation des lois romaines dite *Ba-
silica;* que le poëte Fortunat appellera encore
au VI° siècle « la citadelle » en considération
de sa force imposante ! (2) Lorsque le Constantin
de l'occident y fixe sa résidence, le palais des
Thermes est encore voisin d'un cirque romain
dit les arènes, situé sur le versant oriental de
la montagne Sainte-Geneviève, et d'un champ
de Mars, dont la place sera occupée par le

______

(1) Hist., lib. III.

(2) *Dilige regnantem celsâ, Parisius, arce.*
(*Fortunati cormina*, lib. VI, carmen ıv).

jardin du Luxembourg. Les deux ailes du palais embrassent presque tout l'espace entre la Seine et la Sorbonne, et s'élèvent sur un souterrain à deux étages dans toute leur longueur ; (1) un aqueduc y amène l'eau d'Arcueil, et les jardins de cette habitation s'étendent jusqu'à l'emplacement de Saint-Germain-des-Prés (2).

Mais Clovis occupe aussi, comme l'ont fait ses prédécesseurs, en y logeant au moins leurs officiers, une portion du palais de la Cité, que saint Louis fera reconstruire, mais qui est d'origine romaine. La municipalité parisienne y tenait déjà ses séances sous l'Empire, et le dépôt de ses actes, *Gesta municipalia*, y était conservé. La salle de ce palais vouée aux assemblées de l'édilité, n'est-elle pas le refuge alors des libertés ? Les décurions y continuent à administrer la cité, à exercer les fonctions des édiles, celles des notaires et quelques-unes de celles des juges de paix ; mais ils n'y gardent pas de leurs anciennes attributions la juridiction contentieuse jusqu'à un certain taux de ressort. Les réunions de la

---

(1) *Amm. Marcelli*, lib. XX, cap. IV.

(2) *Hinc iter ejus erat, cum limina sancta petebat.* (*Fortunati carmina*, lib. VI, *de horto Ultrogothonis reginæ*, carmen VIII.)

curie n'en sont pas moins indépendantes, et si elle a des doléances à faire parvenir au prince, pour le redressement d'un tort quelconque imputé à quelque officier à la nomination du roi, c'est un tribun municipal, le défenseur de la cité, qui est chargé de les présenter, concurremment avec l'évêque, qui peut aussi porter directement les supplications de l'opprimé! Des hiérarchies nouvelles modifient au dehors l'état des personnes et des terres d'une manière si profonde qu'on s'étonne du respect qui a sauvegardé le régime municipal. Mais les Francs se soucient modérément d'empiéter sur les attributions de la magistrature judiciaire ou municipale, et ils ne délibèrent que sur les grandes affaires, qui pour eux sont celles de la guerre, dans un champ de Mars, en plein air.

A la bonne heure quand la question s'agite de combattre les Visigoths! Clovis n'a pas recours aux armes sans consulter ses nouveaux ducs, ses comtes, ses anstructions, qu'il traite sur le pied de camarades du roi, et convenons que c'est avoir d'assez justes égards, avant de les mettre en campagne, que de prendre l'avis des amis et des compagnons qu'on fait profession d'estimer! Mais les Francs sont tellement

guerriers, par caractère, qu'on finira par
trouver superflu d'indiquer le motif réel qui
les appelle en masse à servir de seconds dans
une affaire d'honneur, au fond de laquelle très-
souvent l'ambition personnelle est toute seule
en jeu !

Cette fois Clovis donne à ses successeurs une
leçon de modération, qui n'empêche pas de
préparer la guerre en faisant tout pour conserver la paix. Clovis et Alaric II s'accusent
réciproquement d'empiétements intolérables ;
mais une entrevue ménagée entre les deux
souverains dans une île de la Loire, non loin
d'Amboise, les met en présence l'un de l'autre.
Ils se fêtent à l'envi, et ils s'embrassent comme
s'ils avaient déjà à se féliciter mutuellement
d'avoir fait tuer un très-grand nombre d'hommes au service de leurs querelles, et pourtant
ils conviennent de prendre pour arbitre, avant
d'en venir aux mains, le roi Théodoric, beau-
frère de Clovis. Théodoric a beau faire de son
mieux pour ajuster le différend, il y perd son
latin de la décadence, et la lutte prend alors
un caractère tout-à-fait national (1).

---

(1) Dom Bouquet, *Historiens de France*, t. IV, p. 25.

La place publique s'érige en champ de Mars, dans toutes les villes des états de Clovis, et les femmes qui ont fait chrétiens la plupart des soldats du roi, redeviennent de vraies romaines pour sacrifier leurs affections aux nécessités de la patrie, qui ne tend plus à s'agrandir que pour n'être pas envahie. Les évêques et les moines prient Dieu solennellement pour la défaite des ariens. Geneviève parcourt les rues de la capitale, en tenant aux nouvelles recrues de la milice un langage analogue à celui de l'énergique archevêque saint Lubrice : — « Combattez pour « vos pays, et s'il advient que en ce fesant « mourir vous convienne, recepvez le de bon « gré et le prenez en pacience (1). » Cette sainte femme, pour laquelle Clovis montre en toutes circonstances une juste considération, ne borne pas son influence à des encouragements patriotiques, elle remet aux mains du prince le *Labarum* de Constantin, en répétant l'*In hoc signo vinces*. A l'instigation de Geneviève, le roi des Francs retarde son entrée en campagne pour

----

(1) *Illustr. de la Gaule Belgique, Antiq. du pays de Hainaut et de la grande cité des Belges*, t. II, feuille 7.

jeter les bases d'un temple, avec deux princes
de l'Eglise, saint Pierre et saint Paul, pour
patrons, au sommet du mont Locutitien, plus-
tard Sainte-Geneviève, entre le champ de Mars
et les arènes servant aux spectacles publics (1).
Il y avait déjà eu au même endroit une chapelle de Saint-Michel, où avait été enterré
l'évêque Prudent.

Après avoir attiré de la sorte les bénédictions
du ciel sur la nouvelle entreprise de ses armes,
Clovis propose de nouveau à ses troupes la
guerre avec les Visigoths, et l'enthousiasme
populaire fait chœur avec l'assentiment de la
société militaire dont Clovis ne se contente plus
d'être le chef. Les acclamations belliqueuses de
ceux qui jurent de laisser croître leur barbe
jusqu'à la défaite d'Alaric, ont déjà pour écho
des suffrages de concitoyens.

Aussi, plus de retard possible. Pendant que
l'empereur d'orient, Anastase, inquiète gra-
vement Théodoric, Clovis livre bataille aux
Visigoths dans le champ de Voclade, tue de sa
propre main le roi ennemi et voit périr, au fort

---

(1) *Vie de Saincte Geneviève*, par un des religieux
de la congrégation de France, ch. XXIII.

de la mêlée, le commandant des Auvergnats, c'est-à-dire le fils de saint Sidoine-Apollinaire. L'Aquitaine est conquise, parcourue en tous sens par l'armée victorieuse, et, usant des droits de la guerre, Clovis expédie à Paris les trésors qu'il a reçus comme autant de rançons et à Bordeaux, et à Toulouse. Glorieux de ses victoires rapides, il donne un instant en Bourgogne, revient dans le midi, avance sans obstacle, passe les Pyrénées, apparaît en Espagne, s'oublie à attaquer quelques partis Vandales. Que trouve-t-il à son retour ? les Ostrogoths en Aquitaine sous la conduite de Théodoric. Son courage bouillant n'en est pas refroidi; mais il n'a plus que des forces inégales à opposer à une ligue, bien que des Bourguignons à cette époque combattent dans les rangs des Francs. L'adversaire de l'empereur tient bon contre le roi, qui ne peut emporter ni Carcassonne ni Arles, comme il a fait de beaucoup d'autres places, et la diplomatie vient consacrer les acquisitions de la guerre. Un traité est signé, par lequel tout le royaume visigoth, moins l'ancienne province romaine appelée alors Septimanie, passe sous la domination de Clovis, qui reçoit d'Anastase les titres de consul, de patrice et d'auguste.

C'est encore une concession qu'en prenant la pourpre romaine le vainqueur fait à des vaincus, aux yeux desquels la royauté paraît une dignité barbare, et la politique de Clovis est à trois faces, à trois couleurs, trismégiste jusqu'à la fin. Il s'appuie davantage sur la médiation éclairée du clergé que le clergé sur un gouvernement qui n'a rien de théocratique, et il laisse aux Gallo-Romains le droit de croire au *statu quo* du régime impérial, tout en réglant les intérêts nouveaux au moyen de la loi salique, code complet à l'usage des Francs. L'art de gouverner un état, Clovis l'apprend en reconnaissant des droits, en sauvegardant des coutumes, en respectant jusqu'à des préjugés. Le pouvoir est moins un principe qu'une conséquence, dans l'enfance d'une monarchie, et jamais le droit du plus fort ne suffit à fonder, dans un pays comme le nôtre, qu'une autocratie incidente, sans hérédité dynastique. Le cinquième roi mérovingien, qu'on regarde surtout comme l'inaugurateur du principe monarchique en France, n'est pas uniquement un guerrier. Sa témérité ne va jusques à l'im-

prudence que sur les champs de bataille, et
par la négligence des garanties à prendre en
dictant un traité de paix. Il compte incessamment avec des volontés qui n'émanent pas de
la sienne, avec des lois, avec des habitudes et
avec des croyances naguères étrangères à la
tribu nomade dont il est en train de faire la
noblesse française, sans en exclure les cheva-
liers romains. Autrement procèdent les tyrans.

Seulement le roi de France disparaît quelquefois, et à sa place reparaît le chef barbare. Sa
cruauté, qui reprend le dessus, le laisse sans
pitié pour des compétiteurs, pour des rebelles,
fussent-ils ses parents, et eussent-ils servi vail-
lamment sous ses ordres. Il poursuit Cararic à
Thérouanne, à Boulogne, et n'a de cesse qu'il ne
l'ait fait mourir sous les coups de ses affidés ; il
surprend ensuite à Cologne Sigebert, roi des Ri-
puariens, et il pousse à un parricide Clodéric,
ambitieux de vingt ans, qui le défait de Sigebert, mais que tuent ensuite ses valets, à la
même instigation. Des manœuvres non moins
odieuses débarrassent Clovis de Ragnacaire,
souverain de Cambrai, et de Regnomer, frère
de Ragnacaire, qui commandait au Mans.

Il n'en rentre pas moins en triomphe à Paris,

le vainqueur d'Alaric II, le conquérant de l'A-
quitaine ! Les trois fleurs de lis d'or sur champ
d'azur remplacent cette fois les trois crois-
sants (1) de ses anciennes armoiries. Les
évêques saint Waast d'Arras, saint Hilaire de
Poitiers, saint Césaire d'Arles, saint Avit de
Vienne, saint Rémy de Reims, et l'abbé saint
Séverin, à la tête d'un nombreux clergé, le reçoivent aux portes de la ville, en le félicitant
d'être venu à bout des hérétiques, et d'avoir
restitué aux saines doctrines des diocèses in-
festés. La foule borde les rues et crie : — « Place
« à César ! » Et César se répand en libéralités
par les mains du comte des largesses, avant
d'entrer dans son palais, où les décurions lui
présentent l'*or coronaire,* impôt traditionnel de
joyeux avénement. Mais ce palais en fête, est-il
celui des Thermes, ou bien celui de la Cité ?
C'est plutôt un troisième palais que Clovis a
fait élever entre l'église Saint-Pierre-et-Saint-
Paul, encore en construction, et une ancienne
chapelle où l'évêque saint Marcel a été inhumé
vers 436.

Cette résidence royale, où plusieurs membres

---

(1) Quelques-uns disent les trois crapauds.

du concile d'Orléans sont venus remercier le prince de la part du pape Symmaque, avec l'assentiment duquel a eu lieu la convocation de l'assemblée, est visitée aussi par Geneviève, bien que, devenue vieille, elle quitte de moins en moins la maison de la place de Grève qu'occupe sa communauté. Pour que la sainte soit admise au palais, il faut qu'on la regarde comme de la famille royale, attendu que les femmes, sous les rois mérovingiens, ne sont pas reçues à la cour !

Quel contraste, dans ce palais, entre le jour des pompes triomphales, et celui où l'évêque munit le roi de France, tombé malade, des derniers sacrements! C'est le 27 novembre, en 511, qu'expire Clovis, à l'âge de 45 ans, et sa famille assiste à ses derniers moments, ainsi que des légats romains, des vicaires d'Antioche et de Constantinople, des ambassadeurs et des ducs, des magistrats de la curie, et parmi les témoins de cette triste scène Geneviève figure aussi. Le roi, avant de fermer les yeux, a désigné son lieu de sépulture dans l'église Saint-Pierre-et-Saint-Paul, qui est son œuvre et celle de la sainte.

Elle avait contribué à la gloire de son règne

par de trop bons conseils pour ne pas inspirer
une confiance filiale aux enfants de ce prince,
lesquels avaient grandi ensemble sous ses yeux.
Tichilde, cette fille de Clovis, qu'un roman (1)
a représentée, en se reportant à sa jeunesse,
comme la reine Mandandane de Goëthe, qui « se
« promenait souvent au clair de la lune, s'en-
« dormait au bord des ruisseaux, et avait de
« longs colloques avec les rossignols (2), » n'était
pour Geneviève qu'une princesse mélancolique
et douce, que sa dévotion allait pousser, à Sens,
dans le monastère de Saint-Pierre (3). Clotilde,
sœur de Tichilde, elle la connaissait bien avant
son mariage avec Amalric, roi des Goths (4).

---

(1) *Clotaire*, nouvelle attribuée à Maréchal.

(2) Goëthe, *la Manie du sentiment*, acte 1er.

(3) Tichilde a été fondatrice de cette maison religieuse.

(4) Cette même Clotilde, maltraitée par l'arien
Amalric, fut arrachée plus tard de son palais par
Childebert, fils de Clovis, et son époux périt en
combattant. Ramenée en France par son frère, elle
tomba malade avant d'arriver à Paris ; ses dépouilles
mortelles ne furent déposées en l'Église Sainte-Geneviève qu'en 525.

Clotaire le libertin, Clodomir à la double face,
et Childebert le charitable, ces princes pour
l'avenir desquels elle avait redouté souvent les
divisions, les haines et les rivalités, dont le
passé de leur famille avait laissé d'affreux sou-
venirs, eussent dû consulter, comme un excel-
lent livre, la mémoire de la sainte, pleine de
tout un siècle! Aussi bien les fleurons de la
couronne étaient déjà comptés pour être par-
tagés comme un héritage ordinaire, et, pour
succéder à Clovis, il ne fallait pas moins d'une
famille de rois. Clotaire prit la route de Soissons, capitale d'un royaume dont ses frères
parlaient déjà de le déposséder ; Clodomir,
premier-né de la reine Clotilde, alla régner à
Orléans ; Childebert resta à Paris, en cadet de
famille, favori de la maison ; et enfin le bâtard
Théodoric était appelé au gouvernement de
Metz.

La reine-mère, avant de se rendre à Tours,
résida encore assez longtemps dans le palais
édifié par Clovis, et elle fit achever la construction de Saint-Pierre-et-Saint-Paul, où elle « se
« retiroit le plus souvent, dit un auteur,
« vacquant en oraison et toutes bonnes

« œuvres (1). »

Or, pendant qu'on avait élevé à Paris cette basilique à trois portiques, un édifice également religieux, et magnifique pour ce temps-là, avait été construit à Constantinople, près du palais impérial, par les soins de Justinien, lequel empereur n'était encore que comte des domestiques chez Anastase, et l'église orientale avait les mêmes patrons que son pendant. Le saint-père Horsmisdas, successeur de Symmaque, dépêcha un courrier porteur de saintes reliques pour le temple de Constantinople, qui plus tard prit le nom du même Horsmisdas (2), et dans la suite le temple parisien se mit également, avec le monastère y attaché, sous l'invocation de sainte Geneviève.

(1) *Antiquités et singularités de l'église et abbaye de Saincte Geneviefve*, par Pierre le Juge, ch. **i**.

(2) Procop., *In ædif. Justiniani imperatoris*, lib. I.

CHAPITRE XIII.

L'Huile bénite et ses vertus.

« Celui qui a pour lui la protection du Tout-
« Puissant, il marche sur l'aspic et sur le ba-
« silic ; il foule aux pieds le lion et le dragon, »
ainsi parle le roi prophète (1). Il y a donc la
même différence entre les forces ordinaires de
l'homme et celles que Dieu prête aux saints,
qu'entre l'instinct et l'âme, qu'entre la vie de
l'arbre et celle de l'animal, qu'entre la forme
et le mouvement dont la matière est susceptible
et l'état de la végétation. L'être visible existe-
t-il uniquement pour la raison humaine, qui
ne voit pas que par les yeux ? Les degrés de
force par lesquels se révèle l'être invisible

____

(1) Ps. xc.

prouvent infiniment mieux la vie. Il donne l'esprit de cohésion aux molécules de la matière ; il détermine l'impulsion accélérée ou ralentie de la sève qui nourrit et qui développe la plante ; il dote l'animal de sensibilité et il en fait un être organisé agissant par le secours d'un mouvement naturel qui lui tient lieu de la réflexion. L'homme enfin dont le corps pencherait vers la terre, si son âme n'avait pas d'aspirations divines qui portent ses regards vers le ciel, mène manifestement une double vie, qui prouve en même temps sa nature et sa destinée supérieures, et son être invisible jouit du libre arbitre qui n'est pas seulement un honneur puisqu'il impose la plus sérieuse des tâches à ceux qui veulent s'en rendre dignes. Si le maître du monde s'arrêtait dans cette voie de concessions graduées, et s'il se refusait à accorder en outre des faveurs exceptionnelles et des signes de reconnaissance à ses plus fidèles serviteurs, ne resterait-il pas en arrière sur tous les princes de la terre, lesquels, même en son propre nom, gouvernent aux risques et périls d'un discernement beaucoup plus faillible. Qui a fait le plus peut le moins.

Les athées seuls devraient s'inscrire en faux

contre les ovations que méritait chaque jour notre héroïne par l'exercice de la charité, comme le rapporte l'historien qui fut contemporain de la sainte (1) Dieu toujours lui venait en aide, du moment qu'elle se proposait de rendre service à ses semblables.

Le jour où devant elle est conduit un enfant boiteux, aveugle, sourd et muet, qui ne saurait par conséquent ni lire, ni entendre prononcer son nom de Marovêthe, les impies en médecine ont fort beau jeu déjà : il leur semble impossible de réhabiliter cette nature criblée d'infirmités précoces, et de la restituer à des fonctions que tant d'organes refusent de remplir. D'autres incrédules doutent bien davantage de l'assistance divine, comme remède à tous les maux. Néanmoins Geneviève enduit d'une huile bénite les oreilles qui n'entendent pas, les paupières que l'éveil rouvre inutilement, le pied qui cloche, la langue dont l'immobilité paralyse à la fois le goût et la parole, chez l'enfant resté presque à l'état d'ambryon. O merveille ! le muet

---

(1) « Nonne mirabile scire Sanctam Genovefam « quæ redit apud Parisienses et dat ovationem sæpè « et quotidiè ? » (*Vita Sanctæ Genovefæ*, cap. VII.)

parle, l'aveugle voit, le sourd entend, les pas du boiteux sont égaux. Ceux de Geneviève dérobent sa modestie aux congratulations de l'assistance.

A cette huile si bien employée par la sainte à une quadruple guérison, pas moyen d'attribuer des propriétés médicales ! Mais les olives elles-mêmes ne se ressemblent pas, Virgile en est convenu :

Nec pingues unam in faciem nascuntur olivæ.

A plus forte raison devons-nous distinguer telle huile de telle autre. Les saintes huiles qui, aux mains du prêtre, servent à conférer les sacrements, ne sont pas tout-à-fait le liquide bénit dont Geneviève oint souvent les malades et les possédés du démon ; mais cette onction appelle un autre secours divin que saint Paul nomme *la grâce curative* (1). Le double sens qui semble avoir été acquis dans notre langue par le mot *onction*, procède évidemment du rapport entre l'action physique d'oindre et l'action spirituelle d'élever l'âme à la foi. Nous ne passerons pas sous silence qu'on pria une fois sainte Geneviève de délivrer un possédé dans un moment

---

(1) Cor., I, xii.

où elle manquait d'huile. Comme l'évêque, par aventure, s'était absenté de Paris, elle ne pouvait pas soumettre ce jour-là à sa bénédiction la liqueur ordinaire dont elle se servait pour conjurer les maléfices. Elle se mit alors en prière, et l'ampoule qu'elle avait aux mains se remplit miraculeusement d'une huile qui réussit à faire sauver le diable : la consécration de la liqueur était venue directement de Dieu sans passer par la bouche, par les mains du prélat. L'auteur primordial de la *Vie de Sainte Geneviève*, c'est-à-dire Genesius ou Salvius, déclare formellement avoir vu, dix-huit ans après la mort de l'héroïne chrétienne, un reste de cette huile conservée dans la fiole où elle était venue toute seule (1).

L'oraison suffisait souvent à l'élue du Seigneur pour réduire le génie du mal. Donnons-en un nouvel exemple.

La curie parisienne, cette création romaine, avait pour sœur aînée l'institution des *Nautes parisiens*. La ville elle-même avait été fondée par cette corporation de *Marchands par eau*, qui avait conservé ses priviléges sous les empe-

---

(1) Cap. VII.

reurs romains comme sous les rois francs, et qui était appelée à devenir la *Hanse parisienne*, puis la *Prévôté des marchands et des échevins*, puis le *conseil de la commune*, et enfin le *Conseil municipal*. La navigation de la Seine avait, du temps des nautes, une grande importance pour Paris, non-seulement au point de vue commercial, mais aussi comme moyen de déplacement pour les particuliers : la voie de terre fut très-longtemps, pour les voyageurs, plus longue, plus dispendieuse et moins sûre de beaucoup que le transport par eau. La compagnie des nautes, qui entretenait une flotte de bateaux sur la Seine, en avait pour les passagers. Geneviève, voyageant dans une de ces barques par un temps massacrant, la sauva d'un naufrage. Pour imposer silence à l'ouragan qui grondait fort, elle chanta un cantique, en réponse duquel les passagers entendirent une voix qui partait du rivage et leur disait : — « Allez, et n'ayez crainte ; allez, et n'ayez crainte. » Il n'était que temps pour leur embarcation de reprendre son assiette sur les vagues de la Seine, réduites tout-à-coup en plis inoffensifs, et au même instant s'arrêtait la pluie battante sans ajouter une goutte à celles

qui restaient suspendues aux feuilles du saule,
sur le rivage, comme des larmes demandant
grâce. Le même bateau se trouvant de passage, à quelques jours de là, au même endroit,
fut surpris par un autre orage qui augmenta
tellement ses avaries qu'il enfonça et ne reparut plus.

Que si l'huile a pu acquérir, par les mérites
de sainte Geneviève, des propriétés merveilleuses que le goût et le toucher ne lui soup-
çonnaient pas, le diable, en esclave du plaisir
que peuvent procurer tous les sens, et qui a
inventé la sensualité, ne saurait être ennemi ni
de la saveur ni des qualités adoucissantes pour
le toucher qui se trouvent inhérentes au produit du fruit de l'olivier, et au surplus Satan se
fourre partout. Jamais cet ennemi des vierges
et des saints ne renonce à la lutte, il prend
tant de figures, il tire de son sac tant et de si
méchants tours, et il se cache dans tant de
petits coins, qu'on a besoin, pour dire où il
n'est pas, du détachement le plus complet à
l'endroit de toutes ses pompes, d'un discernement éprouvé par des tentations avortées, et de
la seule finesse dont bien des jeunes filles ne
se passent que trop volontiers.

Une toute jeune fille, que le tentateur avait envoyée acheter de l'huile, s'en revenait à pas comptés, pour ne pas imprimer de mouvement d'oscillation à une tasse dont le contenu était l'objet de son emplette. Quel plat le diable avait-il l'intention d'accommoder à cette sauce? Quelle onction pouvait être dans ses projets, sujets à caution? Peu importe de s'y tromper, car Geneviève vit passer la jeune fille sur la place de Grève, et elle vit aussi passer le bout de l'oreille du démon, qui flairait déjà l'huile en se léchant la barbe. — « Malheureuse, dit-« elle, où vas-tu? L'esprit du mal est dans « l'huile que tu portes, l'amertume s'y cache, « le poison s'y distille, la fermentation de l'enfer « y bouillonne.... » Satan n'avait que faire d'en entendre davantage; il prit un tel élan pour se sauver à toutes jambes que la jeune fille en reçut une commotion qui pensa la jeter par terre; mais elle en fut quitte pour la peur, et elle tenait encore sa tasse, qui n'avait été qu'écornée. Geneviève la prémunit par de sages conseils, et ce qu'il restait d'huile par le signe de la croix, contre le retour du démon.

En remontant seulement d'un siècle et demi,

nous trouvons de bien autres femmes que notre sainte, car ce sont des païennes et des femmes du monde, des muses de la mode et du plaisir, auxquelles l'imagination prête gratuitement des pouvoirs d'un ordre surnaturel dont Geneviève a été réellement munie pour la gloire de Dieu, pour l'honneur de son temps, pour l'édification de la postérité! C'est chez un poëte du IVe siècle que nous trouvons des vers qui pourraient s'appliquer à l'héroïne dont nous faisons l'histoire, et en voici la traduction :

Cette femme est étrange ; elle guérit les blessures sans acheter de drogues; elle devine les secrets du cœur, comme si elle lisait dans les entrailles des victimes ; elle étanche la soif sans verser à boire ; elle sèche les larmes sans se donner la peine de remonter jusqu'à leur source (1).

Mais Ausone parle ainsi d'une jolie femme, voyant les gens d'esprit avec prédilection comme l'usage du monde y autorise, et ces dames là, dont les réceptions brillent par le rang ou la réputation de leurs invités, reçoivent toujours mieux le nouveau venu qu'un ami éprouvé. Le baume qu'elles emploient pour opérer la

---

(1) Ausonius, carmen xv, v. 7.

cure du mal qu'elles n'ont pas fait, ouvre une autre blessure, que d'autres mains également complaisantes cicatriseront aussi en apparence, jusqu'à ce que le cœur ne soit plus qu'une plaie disparaissant sous les emplâtres!

CHAPITRE XIV.

Mort de sainte Geneviève.

La tâche de Geneviève avait été si bien remplie, que Dieu avait marqué sa place dans le
ciel, avant de la rappeler à lui. L'histoire elle-
même promettait à son nom cette immortalité
que la gratitude de l'Eglise a consacrée après
sa mort, en honorant d'un culte particulier la
mémoire de ses vertus rehaussées par la
grâce. La plupart des actes de sa vie avaient
tant témoigné de son patriotisme, et obtenu de
si grands résultats pour le bien public, et tellement collaboré à la fondation de la nationalité
française, que non-seulement la ville de Paris,
mais encore le royaume de France allaient
prendre pour patronne cette fille de paysan

devenue un personnage marquant et une sainte (1).

Descoutures dit que l'héroïne, sentant venir sa fin prochaine, « commença à rappeler toutes « ses pensées et ses affections épandues en « divers objets de charité, pour voir si toutes « avoient été fidèles. Elle fist rendre un compte « exact à sa conscience de tout ce qu'elle avoit « fait, et quoy qu'elle treuvât tout en bon ordre « et que son âme ne se sentît coupable d'aucun « péché qui luy dût donner de la crainte, ju- « geant néanmoins qu'il est bien difficile de « faire sur la terre un voyage de quatre-vingt- « quatorze années sans amasser un peu de « poussière sur la route, si ce n'est boue in- « fâme et salissante (2). »

Au compte de cet écrivain, sainte Geneviève a vécu quelques années de plus que d'après

---

(1) Le *Journal de Verdun* (année 1709, tome XI, page 10), s'est fait l'écho de beaucoup d'autres ouvrages en rappelant que sainte Geneviève, outre sa qualité particulière de patronne de Paris, l'est aussi de tout le royaume. Déjà, en 594, le prince Clotaire était baptisé à Nanterre.

(2) Descoutures, *Vie de Ste Gen.*, ch. VI.

d'autres historiographes, qui ne la font parvenir
qu'à l'âge de 89 ans. L'année de sa mort n'étant
connue qu'approximativement comme celle de
sa naissance, 512 et 514 nous semblent les
millésimes qui s'y rapportent le plus rationnellement : pas d'hésitation pour le jour, qui
est marqué par la célébration annuelle de la
Sainte-Geneviève au 3 janvier. En tout cas la
patronne de Paris est morte pleine de jours,
dans la même maison où nous l'avons trouvée
à la tête d'une communauté, et l'emplacement
de cette maison est actuellement engoblé par
l'Hotel-de-Ville.

Avant de rendre le dernier soupir, sainte
Geneviève avait demandé que ses dépouilles
mortelles fussent confiées à la crypte de Saint-
Pierre-et-Saint-Paul, c'est-à-dire à l'étage souterrain de l'église, dont l'étage au niveau du
sol portait le mausolée de Clovis.

Fin de l'Histoire de sainte Geneviève.

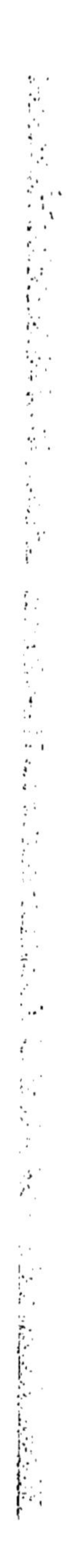

HISTOIRE

Reliques de sainte Geneviève.

Conformément aux dernières volontés de la défunte, son corps fut déposé dans un cercueil de bois, au-dessous du tombeau de Clovis. Les obsèques royales n'avaient pas attiré au mont Locutitien un cortége plus nombreux, plus respectueux, plus recueilli, plus attristé que les modestes funérailles de la vierge, et l'Église n'avait plus qu'à la canoniser. Une lampe suspendue à la voûte s'alluma devant le sépulcre, et on se promettait de l'entretenir allumée à perpétuité. Le lieu qu'habitaient les dépouilles

de sainte Geneviève devenait tout de suite un
but de pèlerinage, et les faveurs du ciel y des-
cendaient encore, par son intercession, sur les
afflictions de toute espèce qu'elle avait soula-
gées, vivante. Elle n'était pas morte pour ceux
qui suppliaient et qui avaient la foi. Ses miracles allaient continuant, sous l'impérissable
influence de son crédit auprès de Dieu, et le
plus éclatant, le plus frappant de tous, n'est-il
pas la haute fortune à laquelle est montée la
ville qui se plaça sous son égide ? De même
qu'à la mort de David, le Seigneur avait dit :
— « Je garderai Jérusalem pour l'amour de
« moi, et de David, mon fidèle serviteur (1) »,
de même Dieu promit à Geneviève, aussitôt
qu'elle quitta la terre, de veiller toujours sur
Paris, et n'a-t-il pas tenu parole avec une persévérance à toute épreuve, en faisant de notre
ville la capitale du monde ?

La reine sainte Clotilde et plusieurs autres
membres de la famille royale, furent inhumés
près de Clovis. Les restes mortels de Prudent,
évêque de Paris dans la première moitié du
Vᵉ siècle, étaient dans la chapelle transformée
en église, et l'évêque saint Ceran, mort en l'an
615, y trouva place également. Mais les nombreux
miracles opérés sur la tombe de notre sainte
lui attiraient plus de courtisans posthumes que
les rois n'en ont de leur vivant.

Parmi les actes de la puissance divine contraires aux lois naturelles, dont ce sépulcre a

____

(1) *Rois*, iv. 19.

été le théâtre, citons la guérison de Prudent,
atteint de la gravelle; celle d'un ouvrier para-
lysé des doigts qu'il avait fait travailler le dimanche, et qui passa une nuit dans la chapelle;
celle de Fulconie, aveugle et muet, qui sentit sa
langue se délier et ses yeux s'inonder de lumière, le jour de la Septuagésime, pendant la
messe, au moment de la communion, lorsque
le prêtre Haymon, qui officiait, répétait ces
mots du psalmiste : — « Fais rayonner, Sei-
« gneur, ta face sur ton serviteur (1). »

Un païen endurci, qui était muet de naissance, arriva de Poissy, le douzième dimanche
après la Pentecôte; le diacre Leughtaud, les
yeux sur l'*Évangile*, parlait ainsi : — « Le Sei-
« gneur a bien fait toutes choses, il a fait en-
« tendre les sourds, parler les muets (2) », et
le muet en effet parla, pour annoncer sa conversion à la religion de Geneviève, et le doyen,
nommé Optat, ne pouvant arracher cet homme
du tombeau de sa bienfaitrice, fut obligé de
lui envoyer des vivres jusqu'à ce qu'on put le
baptiser. Un autre jour, dans le carême, c'est
à un enfant aveugle-né que les mérites de la
sainte ouvraient les yeux, comme l'avait fait
Jésus-Christ dans une circonstance toute pareille (3).

----

(1) Ps. c. xviii.

(2) S. Marc, vii.

(3) S. Joan., ix.

Un démoniaque à charge à sa famille, qui s'était décidée à le faire garrotter, profita du sommeil de son gardien pour jouer des jambes. Sa bonne étoile l'amena à la porte de l'église au milieu de la nuit, il n'en fallut pas davantage pour que le diable qu'il avait au corps prît lui-même la clef des champs, et les liens tombèrent des mains de sa victime délivrée, qui vint les déposer à l'heure de matines sur la tombe de Geneviève, en y rendant à Dieu des actions de grâces.

Depuis leur fondation, l'abbaye et l'église avaient un clergé régulier soumis à l'évêque de Paris. Pour le compte de l'abbé travaillaient donc, une fois, des ouvriers en train de réparer la toiture, et il arriva que l'un d'eux se laissa tomber du sommet, mais parvint, dans sa chute, à toucher une planche et à s'y retenir, en engageant ses mains dans une fissure. D'en bas on avait vu cet homme suspendu à l'ais vermoulu, la plupart des passants ne s'étaient écartés que par précaution pour eux-mêmes, mais quelques-uns avaient monté pour porter secours au malheureux couvreur. Avant que ces derniers eussent trouvé jour à lui tendre la perche de salut, les chanoines eurent le temps d'apprendre le sinistre, de quitter l'intérieur du temple, et de faire une prière à Dieu, à Geneviève; l'ouvrier cependant était à bout de force musculaire, l'ais ébranlé ne tenait presque plus, le corps du patient s'alourdissait, et l'abîme attirait sa proie. Des portes et des fenêtres voisines, qui regorgeaient de spectateurs, un cri général fut poussé : la planche

venait de céder. Mais au moment où ses mains
lâchaient prise, une corde passée sous les bras
du couvreur l'empêchait de tomber avec la
pièce de bois, et au contraire l'enlevait pour le
remettre sur son terrain, le toît.

Une femme qui habitait un faubourg de la
ville avait mis de l'affectation à réunir chez
elle ses voisines pour carder de la laine, au
lieu d'assister aux offices, le jour de la Nati-
vité-de-Notre-Dame. Cette femme forte fut
punie de son irrévérence, en ce qu'une con-
traction de nerfs lui referma la main sur son
peigne à carder, sans qu'il y eut moyen de s'en
débarrasser. Elle s'en fut passer à l'église la
nuit qui précédait le 3 janvier, jour de la fête
de notre sainte, et le peigne y resta, signe de
sa libération.

Un homme qu'on accusait de vol et qu'Uvi-
tèque, le prévôt de la cité, avait mis lui-même
en état d'arrestation, assisté de quelques hommes d'armes, profita de la nuit tombante, et
du prétexte de satisfaire un besoin de la nature, pour tenter l'évasion. L'église était tout
près, il voulut profiter du droit d'asile qui
s'opposait à ce qu'on l'en arrachât; mais la
porte qui donnait du côté de la ville venait
d'être fermée. Il allait s'introduire par l'autre
porte, celle de l'ancienne chapelle de saint
Michel, lorsqu'Utivèque et le chef de la pa-
trouille, qui avait nom Ratoin, lui remirent la
main sur l'épaule. L'accusé, de guerre lasse,
prit Geneviève à témoin de son innocence ou
de son repentir, et les hommes d'armes se

raillèrent de ce recours en grâce. Mais, soudain terrassé par une force qui n'avait rien d'humain, Ratoin ne se releva plus, et ses soldats, au lieu de se remettre à la poursuite du fuyard, enterrèrent sans honneur leur chef de file hors de la ville.

Aussi bien quand les rois de la race carlovingienne succédèrent à ceux de la première race, le tombeau de Geneviève n'était déjà plus qu'un cénotaphe. Les reliques de la sainte avaient été placées à l'étage supérieur de l'église, dans une châsse dont l'or et l'argent avait été orfévri par saint Eloi. Mais cet orfèvre habile n'avait pu mettre la dernière main à l'œuvre, empêché qu'il était par d'autres occupations, comme ministre de Dagobert et comme évêque de Noyon.

Si la décoration de la châsse n'avait pas été incomplète, nul doute que l'idée fut venue à Inchadus, évêque de Paris, d'inaugurer l'ère de ses processions lors de la grande inondation qui, sous le règne de Louis-le-Débonnaire, transforma les rues en canaux. Pas de défense possible contre un tel ennemi, dont l'envahissement féconde les déserts, mais n'apporte aux villes que l'outrage! Pas de composition qui fasse lever le siége de la place violée sans pitié, et refroidie par les embrassements du fleuve sorti de son lit! Les églises de la Cité avaient fait eau à hauteur d'homme; celles du mont Sainte-Geneviève, préservées du fléau par leur élévation, étaient insuffisantes et assez éloignées. Où dire la messe? se demandait Inchadus. Richard, envoyé par l'évêque, avait pris un bateau pour aller à la découverte sur la rive droite de la Seine. L'émissaire revint apprendre à Inchadus que la seule maison de la place de Grève qui fit bonne contenance, malgré l'inondation, était l'ancienne demeure de Geneviève : la crue n'en submergeait que le rez-de-chaussée, le reste était intact, bien que les constructions voisines fussent endommagées de fond en comble. L'évêque se transporta donc dans la maison privilégiée, et l'office divin fut célébré dans la chambre où la sainte avait rendu son âme à Dieu, qui accéda enfin aux prières du clergé et des fidèles. La calamité entra aussitôt dans sa période de décroissance.

C'était d'ailleurs l'époque de l'invasion des Normands, qui avaient une flotte sur la Seine et en ravageaient les deux rives, en pillant surtout les églises. La châsse n'était pas en sureté à la porte même de Paris, menacé de près par l'ennemi, et elle fit son premier voyage. Un cierge destiné à remplacer la lampe qui restait près du cénotaphe, éclairait la marche des chanoines conduisant les chères reliques, et se ralluma plusieurs fois de lui-même, sur le chemin d'Athis. L'église de ce village, à l'approche de la châsse, parut tressaillir d'aise, comme les paroissiens. Les Normands fort désappointés que ce trésor leur échappât, s'en vengèrent sur les bâtiments de l'abbaye ; il y en avait assez pour concevoir de nouvelles craintes et pour prendre encore les devants. Les cha-

noines passèrent la rivière et portèrent la châsse
à Draveil, seigneurie donnée à l'église par
Dagobert 1er. C'est alors que le comte
Egbert, doyen de ia congrégation, tout en faisant ses dévotions près des restes précieux de
la sainte, fut piqué au vif du désir de s'en
approprier une partie, et enleva une dent sans
qu'on s'en aperçut. Peu de temps après, Egbert
tomba malade, des visions le harcelèrent, il eut
des remords, il avoua sa faute au chapitre, et il
restitua la dent, sertie dans le cristal et l'or.
La châsse était encore à Draveil en l'année 853,
époque où les Normands revenaient à la charge
dirigés par Hastinc : un enfant estropié y rede-
vint ingambe par la vertu des reliques. Un traité
de paix signé par Charles-le-Chauve mit alors
fin à ce premier exil. Egbert et son clergé se
dirigèrent sur Paris, attendus tout le long du
chemin par des populations curieuses de s'in-
cliner devant le reliquaire. Le miracle du
cierge se renouvela. après le passage de la
Bièvre. La rentrée à l'église de l'abbaye avait
lieu le 7 de juillet.

De Louvigny ne tarda pas à venir une bonne
femme qui sentait la fièvre, et tellement fort
qu'il lui fallut passer deux nuits en oraison,
devant l'autel où étaient les reliques, pour se
remettre le pouls dans l'état naturel. Une autre
femme de Pisseraie, un village près d'Orgeval,
ayant commis la faute de violer la foi conjugale,
avait vu son complice tué par son mari ; mais
une autre punition, que l'époux outragé lui-
même n'eût pas osé lui infliger, la frappait en
même temps dans ce qu'une femme a toujours

de plus cher, de plus actif et de plus consolant :
l'émotion lui avait oté ce qu'elle développe si
admirablement chez d'autres femmes qui trouvent réponse à tout, la parjure n'avait plus l'usage de la parole ! Une semaine, se disaient les
commères, une semaine à passer sur les dalles
de l'église, ce n'est pas trop pour punir l'épouse
imprudente ; mais jamais sainte Geneviève
ne lui rendra tout ce qu'elle a perdu. Or
la sainte fit plus encore que ce qui paraissait
impossible aux commères. Dès le matin du
huitième jour, l'épouse déchue n'était plus
muette, et dans son cœur avait repris racine
un amour qui faisait fleurir des paroles plus
suaves que jamais sur ses lèvres purifiées, car
elle n'aimait plus que Dieu, ainsi qu'en témoi-
gna un engagement pris par elle et qui fut
rempli. Suivirent quatre guérisons d'aveugles,
à savoir de deux femmes, d'un bonhomme et
de Magnoard, *gardien des mouches à miel d'un
chanoine :* l'un de ces miracles s'opéra par les
mains de Martin, portier de l'église, baignant
d'huile les yeux d'une femme.

Par malheur les Normands encore n'avaient
pas dit leur dernier mot, et les litanies finissaient encore, à l'église Sainte-Geneviève, par
Domine, libera nos à furore Normannorum. Godefroi, qui avait été mis en possession du pays
des Frisons et qui avait épousé Gille, fille de
Lothaire roi de Lorraine, envahit le Brabant,
vers l'an 884, avec Sigefroi et Vermond,
avança malgré Carloman, fils de Louis-le-
Bègue, et enfin marcha sur Paris, défendu

par l'évêque Gozlin et Eudes, comte d'Anjou.
Les chanoines possédaient alors Marisi, en
Valois; c'était un territoire légué par Helmo-
gaud en échange de messes : ils y transpor-
tèrent la châsse. Que de miracles y vinrent
ensemencer la terre d'exil! Furent guéris tour
à tour : Fulchéric, un paralytique dont les pieds
s'attachaient au dos; un meunier de Rebets
qui, en travaillant un dimanche, avait eu l'œil
crevé par un grain de blé; une femme, Ful-
coaire de nom, ayant percluse la moitié de son
corps; une autre femme de Marisi, que le diable
tenait si fort qu'elle se meurtrissait la figure
pour le dégouter de sa personne, et qu'elle cherchait à se détruire; un jeune garçon, dont les
bras décharnés se refusaient à tout travail; un
honnête chrétien, venu d'Arcy avec la lèpre,
compliquée d'une fièvre affreuse; une jeune
fille, défigurée par l'accident qui lui avait ôté
un œil; une infirme, appelée Amilda, qu'on
avait étendue à demi morte en regard de la
châsse; un énergumène, conduit à Marisi, et
un de ses confrères en démonie qui s'en vint
dans l'église du lieu, comme on lui en avait
donné le conseil, déposer un denier à l'autel
de sainte Geneviève, mais qui ensuite, rentrant sous l'empire du diable, menaça le portier
Martin de le faire périr immédiatement sous
le bâton s'il ne lui rendait son offrande; un
autre démoniaque, serviteur de quelques chanoines, qui, en grinçant des dents, mordait
incessamment sa langue et crachait le sang;
Erchanfroy, possédé également du diable,
se déchirant les vêtements et les mains, et qui

avait poursuivi sa mère du côté de l'église,
avec menace de la lapider, sur quoi les bons
chanoines avaient jugé prudent de le calmer
en le jetant dans un baquet plein d'eau ; une
femme encore, qui était muette, infirmité
qu'elle n'aurait pas su feindre ; un homme,
enfin, nommé Génebauld, impotent des deux
pieds.

Il y avait non loin de Marisi un monastère
de Saint-Germain, et il paraît que les reliques
de la sainte s'y arrêtèrent pour peu de temps,
au retour, assez toutefois pour qu'une femme
paralytique et se recroquevillant comme une
feuille, y retrouvât l'usage de ses jambes par
les mérites de *madame sainte Geneviève.*

L'évêque de Paris venait d'avertir les chanoines que Godefroi avait été tué, loin de Paris,
à la tête des Normands. A une lieue et demie
de Marisi, le chapitre en voyage se trouva
encore à Marole sur un terrain qui lui appar-
tenait. Un homme avait laissé dans le pays non
seulement des dettes, mais encore sa femme
et sa fille à la merci des créanciers, et elles
avaient au pied le *ceps* de la contrainte par corps ;
les reliques de Geneviève donnèrent une leçon
de droit au IX⁰ siècle, en dégageant ces
femmes de leurs entraves. Au même endroit,
une sourde recouvra la faculté de percevoir les
sons, et une jeune fille, dont les mains seules
étaient exemptes de paralysie, vit étendre leur
agilité à tout le reste de son corps. Le cortège
reprenant sa marche abonda à Lysi, et les dépouilles mortelles de notre sainte y furent déposées dans l'église dédiée à saint Médard, au

seuil de laquelle une jeune femme, entièrement
guérie d'une rétraction des nerfs, se voua par
reconnaissance au service de l'autel de sainte
Geneviève. Une autre habitante de Lysi, tisse-
rande de son état, avait « tellement les mains
« retirées » qu'elle ne pouvait plus travailler;
ce fut assez d'une prière pour lui rendre son
gagne pain. Puis les reliques atteignirent une
bourgade appelée *Trijectum*, elles y passèrent
la nuit; le lendemain on dit les matines avec
la messe, on prit ensuite la direction de Rosny.
Sur la route parurent deux jeunes gens, portant une pauvre femme au corps brisé, dont
les jambes saignaient, et à qui la souffrance
arrachait des sanglots, des cris; elle se sentit
mieux dès qu'elle fit partie du cortége, les
chanoines en profitèrent pour la mettre sur un
cheval, et tout à fait valide quand elle arriva à
Paris, elle ne voulut plus faire autre chose que
balayer l'église. Sur les bords de la Seine,
l'escorte se grossit d'un bon nombre de Parisiens qui étaient venus au-devant de la châsse.
Après une station à la chapelle Saint-Jean, où
se tenaient les fonds baptismaux de l'église de
Paris, près Notre-Dame, le précieux dépôt fut
remis en place. On était en 890.

A l'un des deux voyages que nous venons de
faire avec la châsse, se rattache certainement
la première procession publique dont lui tiennent compte les chroniqueurs. Abbon, moine
contemporain, a décrit en effet dans un poëme
le siége de Paris par les Normands, et il a rap-
porté que les assiégeants ayant rassemblé toutes
leurs forces pour livrer un dernier assaut, les

habitants ont fait placer la châsse sur la mu-
raille, à la face de l'ennemi, qui a été immédiatement repoussé. Les Normands, à plusieurs
reprises, avaient dévasté le monastère, et le
chapitre n'a pu qu'imparfaitement réparer le
désastre, quoiqu'il fût déjà riche et pourvu de
biens-fonds dans les localités que nous avons
citées plus haut. Le roi Robert a tout fait rebâtir,
en augmentant les revenus de la maison et
l'importance de ses écoles.

La plupart des cures miraculeuses opérées
dans le cours de l'un et de l'autre voyages portaient sur des affections de l'oreille, du pied,
de la main, c'est-à-dire des extrémités. Or le
principal symptôme de ce *feu des ardents*, dont
la contagion désola la France, l'Allemagne,
l'Espagne et la Sicile aux siècles x, xi et xii,
était précisément une espèce de paralysie et
de gangrène dans les extrémités. Evidem-
ment il y avait du rapport entre les cas mor-
bides qui se présentaient fréquemment vers
la fin du ix° siècle et la terrible épidémie dont
les atteintes symptômatiques varièrent quelque peu selon les circonstances de la constitu-
tion, du climat, et aussi de l'époque, mais dont
le traitement thérapheutique est resté un secret
pour l'histoire médicale. Dès 945, le feu jetait
à Paris plus que des étincelles, et ce mal qui
brûlait petit à petit, comme dit la chronique de
Frodoard, se révélait dans toute la France, en
992, par une mortalité inusitée, l'historien
Rodolphe le rapporte, et Mézerai ajoute que
quarante mille personnes furent enlevées par
le feu des ardents, en l'année qui suivit, rien

que dans l'Aquitaine, le Périgord, le Limousin. La maladie se déclarait encore à cette date par la paralysie d'un membre, que la fièvre brûlait et consumait jusqu'à le détacher du corps, et si le feu des ardents s'en prenait aux entrailles, il n'avait plus qu'un cadavre à carboniser. En 1089, d'après Sigebert, un monstre ailé traversant l'air sema de nouveau la peste incendiaire sur les contrées où ses ailes faisaient ombre, et le fléau prit plus d'intensité dans Paris couvé par ce monstre. L'inconnu était dans le mal, plus encore que dans le remède. De quel droit soumettre l'effet à des règles qui manquent à la cause? Dieu châtie, disaient les fidèles, mais aussi Dieu peut pardonner, et ils avaient recours aux œuvres pies pour conjurer le mal contre lequel la médecine était impuissante. La protection de saint Antoine, invoquée principalement par les malades, en sauvait quelques-uns, et elle était plus rationnelle que les tâtonnements de la science, sans compter qu'elle rassurait bien autrement ceux qui n'avaient que le mal de la peur.

Mais ce fut encore sous Louis-le-Gros que le feu des ardents, par une recrudescence, fatale, fit en France le plus de victimes. Dans la Lorraine et dans le Soissonnais, il attaquait surtout les pieds, les mains et le visage, durcissait fréquemment les glandes de l'aine et de l'aiselle, y formait des dépôts et disloquait les reins. Mêmes effets à Paris, avec cette différence que le mal se prenait le plus ordinairement aux parties organiques de la génération. Il y allait de l'avenir en même temps que du

présent. Des malades gisaient dans les rues, et
l'église Notre-Dame en était tellement remplie
qu'à peine les prêtres pouvaient-ils y vaquer
au service divin. Etienne de Senlis, évêque
de Paris, avait beau ordonner des jeûnes et
faire dire des messes à Notre-Dame, il semblait que la contagion eût réplique à ces argu-
ments. A la fin, cependant, que fit l'évêque? il
passa la rivière et fut prier le doyen des chanoines, nommé aussi Etienne, de mettre en
tiers la patronne de Paris dans les prières publiques, au moyen d'une procession de ses reliques.
Les chanoines s'y étant prêtés de bonne grâce,
un jour fut pris pour la cérémonie. Quand vint
le jour, les plus anciens des prêtres, purifiés
dans le spirituel par le jeûne et par la prière,
et dans le temporel par le bain, l'habillement
à neūf, descendirent la châsse de l'autel.
Etienne de Senlis vint avec son clergé, suivi
des notabilités parisiennes, dans l'église des
chanoines de Sainte-Geneviève; et les reliques
furent portées à Notre-Dame entre deux haies
formées tout le long du chemin par le peuple
de la grande ville. Avant que la châsse eût
touché le maître autel, cent malades furent
affranchis du mal affreux qui pourrissait déjà
leurs bras; mais il y en eut trois qui ne profitèrent point du bénéfice miraculeux, parce que
la foi leur manquait. Ce miracle n'était plus un
service rendu à l'infortune privée, mais un
bienfait public. Le peuple dont l'enthousiasme
ne connaissait plus de bornes, se répandait en
actions de grâce. Depuis cette procession célèbre, qui avait lieu en 1130, il ne fut signalé

dans le royaume aucun cas nouveau de feu des ardents.

L'année suivante, le pape Innocent II vint chercher refuge à Paris, le saint-siége étant occupé temporairement par un anti-pape, Anaclet. Il habita l'abbaye Sainte-Geneviève, qui fut dite maison papale et apostolique. Innocent décida que l'Eglise fêterait à perpétuité l'anniversaire du *miracle des Ardents*, et fonda la chapelle Sainte-Geneviève-des-Ardents, dans la Cité, près de l'endroit où les cent malades avaient recouvré la santé. Les chanoines cédèrent plus tard à l'évêque Eudes de Sully, en échange de la terre de Boissy, cette chapelle qui devint paroisse. Mais l'un d'eux, appelé Simon, qui remplissait l'office de chevecier, avait montré une fois peu d'empressement à faire célébrer l'anniversaire du grand miracle; il s'était absenté pour éviter de fournir les cierges nécessaires à la chapelle ce jour-là, et c'était autant de gagné; seulement lorsque Simon avait voulu rentrer, le lendemain, dans l'église du monastère, le pied lui avait manqué à la dernière marche, et il avait tellement roulé de degré en degré, qu'en bas il était mort.

D'autres fautes non moins scandaleuses appelaient dans la discipline de cette maison religieuse une réforme qui ne se fit pas attendre. Le supérieur de la congrégation ne portait pas le titre d'abbé, il n'était que doyen d'un chapitre séculier. On cite Odo, abbé de Sainte-Geneviève, mort en 1148, comme le premier qui ait porté ce titre. Déjà à cette date le pape Eugène III et Suger avaient réformé la maison,

en y introduisant des chanoines réguliers de
Saint-Augustin. Les relations n'en devenaient
que plus intimes entre l'université de Paris et
l'abbaye, dont le chancelier donnait le bonnet
de maître-ès-arts, et celle-ci ne relevait plus de
l'évêché diocésain, mais directement du saint-
siége. C'était l'époque de la deuxième croisade :
Louis-le-Jeune, avant de partir, avait confié le
gouvernement du royaume à Suger, l'illustre
ministre, à l'archevêque de Reims et au comte
Raoul de Vermandois.

Une partie des chanoines séculiers avaient
été admis à se ranger sous la nouvelle règle ;
mais les autres protestaient par des intrigues
contre leur élimination. Le chef de sainte Geneviève, à les entendre, n'était plus dans la
châsse, et il se rencontra un évêque d'Orléans,
Manassès, qui parla comme eux. Un synode,
qui plus est, assemblé par cet évêque, n'osa
pas démentir catégoriquement les soupçons de
Manassès. Louis VII, en conséquence, dès qu'il
fut de retour, fit apposer le sceau royal sur les
reliques; et, le lendemain des octaves de la
fête de sainte Geneviève, c'est-à-dire le 18 janvier, à l'heure de prime, arrivèrent, au nom
du roi, trois prélats, l'archevêque de Sens,
l'évêque d'Auxerre et Manassès. Les chanoines
déchus de leurs droits avaient pris la chose
fort à cœur, beaucoup de gens du peuple parta-
geaient leur méfiance et s'étaient réunis près
de l'église, armés de pierres et de bâtons, prêts
à faire un mauvais parti aux nouveaux religieux s'ils avaient abusé du dépôt des reliques.
On reconnut le chevecier Guillaume, chanoine

qui s'était soumis à la réforme, on barra le
passage à cet officier de la châsse, et il ne put
pénétrer dans l'église qu'avec les prêtres de
service, et un encensoir à la main. Le sceau
ayant été brisé, on ne procéda pas sans inquiétude à l'inventaire des vénérables restes, par
l'ouverture du coffre, par la levée des bandelettes, mais il fut constaté que le chef s'y trouvait, ainsi que les autres parties du corps.
Guillaume de s'en réjouir en entonnant un *Te
Deum*, et le peuple d'accompagner, ne doutant
plus de l'innocence de la nouvelle compagnie.
L'évêque d'Orléans, qui était de fort mauvaise
humeur, demanda hautement qui avait entonné de son autorité privée le cantique d'actions de grâces, à la vue de la tête de quelque
vieille femme mise à la place du chef de Geneviève. — « Moi, dit courageusement le cheve-
« cier Guillaume, moi, et je suis certain que
« voici la tête de la vierge ; la preuve, c'est
« que j'irais, en la tenant à la main, hardiment
« au milieu des flammes..... — Pour ma part,
« reprit Manassès, je n'irais pas seulement,
« avec ce chef, prendre un bain d'eau bien
« chaude. » L'archevêque intervint alors, et il
complimenta Guillaume de la ferveur de ses
convictions. Néanmoins, Manassès ne tarda pas
à revenir à la charge, en recrutant à la cour
des partisans que lui refusait la ville. Le roi,
qui n'avait entendu céder qu'à l'évidence in-
contestable, fut encore surpris par des menées
qui réveillaient des doutes ; mais une lettre des
prélats de Sens et d'Auxerre, qui alors étaient
à Melun, fit tomber les derniers retranchements

de l'intrigue. Manassès, dont les mœurs laissaient à désirer, fut déposé à quelque temps de là, et le nom de Guillaume fut inscrit au contraire, après sa mort, au catalogue des bienheureux.

En 1206, les pluies du mois de décembre avaient été si abondantes que le fleuve débordait encore, et que les Parisiens fort empêchés ne pouvaient plus vaquer à leurs affaires dans certaines rues sans le secours des bateliers. Le Petit-Pont, construit en pierre entre la rive gauche et la Cité, menaçait ruine. Odo de Soliac, évêque de Paris, adressa donc une requête à Jean, abbé de Sainte-Geneviève; la châsse de saint Marceau, celles de saint Paxance, de saint Magloire, de saint Landry, de saint Méry, de sainte Avoie, de sainte Opportune, et de plusieurs autres saints du diocèse, furent portées dans l'église comme pour appuyer la demande, et il fut convenu que les reliques de la protectrice se déplaceraient encore pour aller plus efficacement au secours de ses protégés. Au jour marqué, et c'était un samedi, on dit matines ainsi qu'à l'ordinaire, on sonna prime ensuite, et puis on dépêcha les heures, après cela des religieux, revêtus d'aubes et d'étoles blanches, chargèrent sur leurs épaules l'incomparable reliquaire, et les deux grosses cloches donnèrent le signal du départ. Bien que le Petit-Pont fût à peine réparé, et que les gens qui du Petit-Châtelet se rendaient à la cathédrale n'y passassent encore qu'un à un, la foule n'hésita pas à y suivre la châsse. Au retour, même sécurité. Mais à peine les bons Parisiens qui fer-

maient la marche du cortége eurent-ils fran-
chi l'extrémité méridionale du Petit-Pont,
qu'il s'écroula. Cet accident purement matériel
obligeait Philippe-Auguste à rétablir le pont
sur des culées et sur des piles qui ne missent
plus en péril la vie de ses sujets, travail bientôt facilité par la retraite de l'inondation.

Vingt-sept années après, pareil débordement
des eaux, procession non moins solennelle,
avec cette circonstance de plus qu'une colombe, dans son vol, suivit incessamment la
châsse, ainsi que pour témoigner de la présence réelle du Saint-Esprit, se posa sur une
sculpture figurant la tête d'un ange, à la porte
de Notre-Dame, en attendant que la messe fût
dite, revint planer sur l'église Sainte-Geneviève
quand les reliques y rentrèrent, et disparut,
non plus comme une promesse, car elle avait
déjà pu s'assurer que la Seine commençait à
rentrer dans son lit.

La descente de la châsse devait se renouveler
plusieurs fois sous le même règne, qui était
celui de saint Louis. L'abbé Hébert et ses religieux avaient songé à y substituer une décoration nouvelle et plus solide à celle dont l'or-
nementation était l'œuvre en partie de saint
Éloi. Le travail ne fut terminé que sous Robert
de la Ferté-Milon, successeur de Hébert. Noble
homme Robert de Courtenay avait donné, entr'autres, 10 marcs d'argent, Guillaume, évêque
d'Avranches, 20 livres, et un autre évêque, Nicolas, 80 livres. La châsse neuve employait
193 marcs 1/2 d'argent, valant 435 livres à raison de 45 sols parisis le marc; 8 marcs 1/2 d'or,

cotés 136 livres à raison de 16 livres le marc ;
des pierreries, qui coûtaient avec la main-
d'œuvre 200 livres. En tout, 771 livres , que
paya frère Thomas, le trésorier, à l'orfèvre
Bonnard. Dans ce prix n'entrait pas le taber-
nacle donné par Jean Hodé, et en dehors restaient aussi d'autres ornements, tels que des
chiens en cuivre qui avaient coûté plus de 40
livres, et des pierres précieuses qui depuis
furent ajoutées, notamment une agate à l'effi-
gie d'un roi, et des rubis, parure qui, disait-on,
valait plus que le coffre entier. Un 28 octobre,
jour où était fêtée la première translation des
reliques, à l'heure de minuit, après le neu-
vième répons de matines, eut lieu la découverte en grande cérémonie du trésor inappré-
ciable qu'on allait enchâsser dans le trésor
évalué. Les sept psaumes de la pénitence
furent d'abord récités avec les litanies par
l'abbé de Sainte-Geneviève, portant la mitre,
la crosse et l'anneau avec lesquels il avait le
droit d'officier, mais pieds nus comme tous les
religieux qui psalmodiaient avec lui, pendant
que s'allumaient en grand nombre les cierges ;
quatre prêtres en aubes blanches descendirent
sur l'autel Saint-Pierre-et-Saint-Paul la châsse
dont la place ordinaire était un peu plus haut,
au chevet de l'église ; le couvercle du coffre fut
levé ; les bandelettes du corps furent renouve-
lées ; le chef en fut baisé par les quarante-
sept religieux, puis recouvert de satin blanc ;
puis les reliques furent placées dans la châsse
qui désormais avait à en répondre au chapitre,
à la ville et à la France entière. Les religieux,

émus jusques aux larmes, firent retentir d'un
Te Deum les voûtes de l'église que la sainte
avait fait bâtir en rendant chrétien le royaume,
et ensuite l'on reprit matines. Le lendemain,
la châsse fut posée sur le second autel; elle y
resta treize jours, pendant qu'on réparait le
maître-autel et le chœur.

L'ordre dans lequel se suivirent les processions avec la châsse en tête, le voici. En 1239,
pour le rétablissement de la santé de Robert,
comte d'Artois, frère de saint Louis. En 1240,
à l'occasion des pluies, de même qu'en 1242.
En 1245, encore pour la santé de Robert, malade à Gonesse. En 1296, c'est-à-dire sous
Philippe-le-Bel. En 1325, le 6 juillet, sous
Charles IV, contre le mauvais temps. En 1347,
le dimanche 29 juillet, sous Philippe VI, pour
implorer l'assistance du ciel contre les Anglais,
qui avaient mis le siége devant Calais : la reine
Jeanne de Bourgogne était présente à la cérémonie. En 1364, contre le mauvais temps :
Charles V, qui avec toute sa cour y assista,
avait voulu que tout le clergé de Paris, tant séculier que régulier, accompagnât les reliques et
fût nus-pieds, et le même roi en fit autant pour
les descentes du 9 juin 1366 et du 6 mai 1377,
dont l'objet n'avait pas changé. En 1409, le
3 février, contre l'hérésie de Jean Huss, lequel
fut condamné l'année suivante par le concile
de Constance, et aussi pour remercier Dieu de
l'élection du pape Alexandre V, qui ne siégea
qu'un an : c'est la première fois que le parlement assista en habit de cérémonie aux processions de notre châsse. En 1410, le 14 décem-

bre, et en 1412, pour apaiser la guerre civile
entre Armagnacs et Bourguignons, et contre
les Anglais.

Inférez-vous de quelques répétitions dans les
motifs de la procession, que les Génovefains
s'empressassent d'accéder à toutes les prières
de l'évêque, d'obtempérer à tous les ordres du
roi, quant aux déplacements de la châsse?
Détrompez-vous : l'abbaye de Sainte-Geneviève, cette suzeraine de l'université, renfer-
mait dans son sein des casuistes éclairés qui
faisaient un rapport sur chaque demande, et
elle était rejetée si l'emploi du moyen ne se
justifiait pas par l'importance de la fin, et par
l'urgence, et par l'observation exacte de certaines formalités dans le programme prélimi-
naire. Il fallait notamment que la châsse de
saint Marceau fut amenée au-devant de la
châsse de la patronne de Paris par le clergé
de Notre-Dame, qui avait revendiqué inutilement celle-ci comme clergé métropolitain.
Saint Louis, en 1239, avait voulu que les reliques de la sainte descendissent le jour où il
devait recevoir une portion de la couronne
d'épines de Jésus-Christ; mais Hébert avait
envoyé trois de ses religieux à Vincennes, pour
aviser respectueusement le roi qu'il ne serait
pas fait dans cette circonstance, infiniment
heureuse et glorieuse, comme s'il s'agissait
d'une calamité publique. De même, sous un
un autre règne, l'abbé Etienne de la Pierre
avait répondu négativement à la requête du
clergé de Paris, tendante à ce que la châsse
de sainte Geneviève s'en vint prendre celle de

saint Marceau à la cathédrale pour le bon plaisir du roi et de ses deux oncles. Mais ce n'est
pas en pure perte que les religieux furent priés
de promener le reliquaire en vue d'une paix
honorable, à trois reprises différentes, d'abord
en 1417, puis quatre ans après, le 12 août, puis
l'année suivante, le 3 août.À l'encontre du mauvais temps marchait la châsse le 28 octobre 1423 ;
elle plaidait auprès de Dieu, en 1427, la cause
d'Orléans qu'assiégeaient les Anglais, et chacun
sait que la pucelle d'Orléans répondit victorieu-
sement à cet appel de la vierge du Ve siècle.
Au mois d'avril 1436 , les reliques s'intéres-
saient au retour du roi Charles VII et à la
prospérité de ses armes. Si la châsse ne sortit
pas en 1439, ce n'est pas faute de sollicitations ;
mais les Génovéfains obtinrent, au contraire,
qu'elle devint le but du pèlerinage dont il
s'agissait, et qui se répéta pendant quelque
temps tous les vendredis, pour la défaite des
troupes de Henri VI par le duc de Richemont,
connétable de France. Egalement les religieux
tinrent bon lorsqu'on leur demanda la châsse
pour que l'église Saint-Germain-l'Auxerrois
célébrât, fin juillet, avec un apparat nouveau,
la fête de l'évêque son patron ; ils consentirent
seulement à y porter les reliques de sainte Clotilde, comme messieurs de Notre-Dame portaient de leur côté le chef de saint Philippe,
apôtre. Le 31 août 1656, les reliques de la patronne franchissaient de nouveau le Petit-Pont.
En 1461 ou 1466, elles recouraient en grâce
contre la peste, qui passait pour avoir enlevé
rien qu'à Paris 40,000 personnes. Procession
en 1477. Autre le 18 juin 1478, en tête de la-

quelle l'évêque de Nevers remplaçait l'abbé
malade.

Cependant les malades n'avaient jamais cessé
leurs visites intéressées à l'autel de sainte Geneviève. La panacée miraculeuse pouvait traiter le mal sous toutes ses formes, excepté le
manque de foi. Bien osé qui se flatterait d'énu-
mérer toutes les guérisons obtenues par l'intercession de la sainte! Nous en prenons çà et là
quelques-unes parmi celles dont la tradition a
conservé le souvenir, et bien d'autres sont res-
tées le secret des familles qui n'en ont transmis
que la dette. Cette dette, n'est-elle pas encore
acquittée par une dévotion particulière à sainte
Geneviève, dont la neuvaine perpétue le culte,
comme une source intarissable de bons conseils
et de soulagements? Un comte de Boulogne,
auquel n'eussent pas suffi neuf jours de dévotion, avait pris une chambre à l'abbaye, en
1319, lorsqu'il était à toute extrémité; et une
fois guéri, il y resta par gratitude un certain
temps, après avoir fait hommage à la sainte
d'une *image de cire de son pesant*. Un homme,
qui arrivait péniblement de la Brie avec des
béquilles, vers 1360, n'eût pas plus tôt aperçu
le clocher de Sainte-Geneviève qu'il s'age-
nouilla et se sentit la force non-seulement de se
relever sans que personne l'y aidât, mais encore
de se séparer de ses béquilles, en les laissant
au pied de l'autel. Que si la sainte avait souvent usé de son crédit au ciel pour faire reculer les agresseurs, les envahisseurs de la France,
ce n'était pas une raison pour qu'elle refusât
de l'employer isolément en faveur d'un ennemi

désarmé et souffrant : un écuyer anglais fut délivré d'une paralysie en faisant vœu de se rendre à l'église aussitôt qu'il pourrait marcher, et l'idée lui en était venue à la lecture d'une *Vie de Sainte Geneviève*. Plaise à Dieu que le présent livre ne soit pas rongé par les vers ou par les rats, avant d'avoir aussi bien inspiré quelque malade l'ayant à son chevet ! En 1374, le 3 janvier, jour de la Sainte-Geneviève, la santé fut rendue à la fille d'Yvonnet Thomas, qui était tombée du haut-mal rue Jean-Pain-Mollet. Le 16 juillet 1410, Jean Fécon, secrétaire de M. de Berry, et Clairette sa femme apportèrent dans l'église Molivot, leur enfant âgé d'un an et demi, qui venait de fermer les yeux, après une maladie qui avait noirci tout son corps; un abbé était là, l'abbé de Saint-Guillaume-du-Désert, qui ralluma le flambeau de la vie, au profit de ce petit être, avec un signe de la croix, Fécon et son épouse s'acquittèrent aussitôt de la promesse qu'ils avaient faite d'une *image de cire du pesant de leur fils*. Il faut dire qu'il y avait, au temps dont nous parlons, une espèce de lit sous la châsse, et qu'il se passait peu de jours sans qu'un malade y recouvrât tout ou partie de la validité. L'enlèvement de ce lit, au XVe siècle, n'empêcha pas bien des infirmités de céder comme précédemment à l'influence curatrice de la châsse. Loin de nous la pensée qu'elle triomphât impérieusement de toutes les maladies qui affligent l'humanité ! Mais les fidèles atteints de certaines maladies, telles que la paralysie, se faisaient transporter à

Sainte-Geneviève, comme on va aujourd'hui
aux eaux, et le traitement thermal court également des chances indépendantes de la science
du médecin, ainsi que des propriétés particulières de l'eau d'une source. Le mal a toujours
conservé contre la vertu des miracles, et contre
les prodiges de la médecine, un libre arbitre
capable de résister à leur action, et même d'attribuer leur efficacité aux combinaisons du
hasard, Dieu de ceux-là qui croient n'en pas
avoir !

Mais les grandes inquiétudes de la ville et de
la nation continuaient à marquer les phases de
l'histoire de la châsse. Pour la santé du roi
Louis XI, procession eut lieu le 12 juin 1481.
On sait de reste que Jacques Coythier réussis-
sait alors à se soustraire aux effets si souvent
mortels de la méfiance de ce roi malingre, dont
il était le médecin, en lui disant : — « Il est
« écrit là-haut que Votre Majesté succombera
« huit jours après son très-humble serviteur et
« compère Jacques Coythier. » En 1491 et 1493,
les prières publiques prirent la même forme
pour la santé de Charles VIII, et elles arrêtèrent, en 1496, le dégravoiement des maisons,
avec la crue des eaux de la Seine. De cette
procession parle Érasme, qui, après avoir ra-
conté, dans une lettre à Nicolas Verner, comment a disparu sa fièvre-quarte par le secours
de la *divine Geneviève, vierge nobilissime,* rapporte que la descente des reliques a été la
meilleure digue contre l'inondation, et qu'une
période de beaux jours a succédé incontinent
à celle des jours de pluie. A neuf ans de là, le

18 juillet, même rempart opposé au même débordement. En 1509, le 25 mai, pour la prospérité des armes du roi contre les Vénitiens. En 1512, le 1er juillet, à l'intention de la paix, qui était désirée avec ardeur, mais aussi des succès du roi contre la ligue formée par le pape Jules II. En 1513, le 1er juillet, pour la déroute des Anglais.

Sous le règne de François Ier, les reliques descendirent treize fois à Notre-Dame. Le 16 juin 1517, pour la délivrance du royaume. Le 12 juin 1522, pour implorer la protection de Dieu contre Charles-Quint et les princes ligués avec lui. L'an 1523, pour le recouvrement du Milanez. Le 24 mai de l'année suivante, à cause de la sécheresse. Trois ans après, à cause de la pluie. Le 7 juillet 1529, en vue de la paix, qui fut effectivement signée dans le mois suivant, à Cambrai. Le 9 janvier 1530, à la requête du prévôt et des échevins, de l'évêque de Paris et du roi, à cause d'une inondation, qu'arrêta la procession : la quatrième classe du collége de Navarre fit de beaux vers latins sur ce miracle. Le 21 janvier 1534, contre les religionnaires de la réforme, lesquels affichaient leurs placards· jusques à la porte du Louvre, bien que plusieurs édits de François Ier leur fussent très-défavorables : dans cette procession magnifique, le roi suivait à pied, un flambeau à la main, le très-saint-sacrement, et les quatre coins du poële étaient tenus par les trois princes, fils du roi, par le duc de Vendôme, premier prince du sang. L'année d'après, le mardi 13 juillet, contre les pluies.

Le 17 août 1536, pour le succès des armes du roi. Le jeudi 24 juillet 1541, pour faire cesser les pluies. Le lundi 17 juillet 1542, contre Charles-Quint, l'hérésie et la pluie. L'an 1543, pour la prospérité des armes du roi, qui, accompagné du dauphin, allait se remettre à la tête de ses armées.

L'an 1548, pour obtenir ce qu'on avait eu d'autres fois en excessive abondance : de la pluie. Le lundi 4 juillet 1549, contre les protestants, et le saint-sacrement y fut porté, suivi par Henri II, avec la même solennité que sous le règne précédent. L'an 1551, le 3 juin, contre le mauvais temps, et le mercredi, 8 novembre de la même année, pour la prospérité du royaume : toutes les reliques de la Sainte-Chapelle et du trésor de Saint-Denis firent cortége à celles de la patronne de Paris. L'an 1556, même motif que huit ans plus tôt. Le 19 septembre 1557, pour recourir à la miséricorde divine, après la funeste bataille de Saint-Quentin, dont le désastre put être réparé. Le dimanche 9 juillet 1559, pour le roi, mortellement blessé par Montgommery dans un tournoi, qui avait eu lieu le 20 juin : Henri II était déjà à toute extrémité au moment du départ de la procession, son médecin avait dit qu'il ne passerait pas la journée, il ne ferma pourtant les yeux que le lendemain. Fin juin 1560, contre la pluie et l'hérésie, et dans la même année, le 5 novembre, pour François II, déjà si bas lui-même à cette date que la procession semblait n'avoir en vue que le repos de l'âme de ce prince si peu de temps roi! Le 21 juin

1562, pour la défaite des Huguenots, et la victoire de Dreux répondit à l'attente des catholiques romains. Le dimanche 13 décembre 1563, pour l'armée catholique qui était en présence de celle des Huguenots, à Orléans, et mobile identique le 13 janvier suivant. Le 27 du même mois, en expiation du crime de Poltrot, qui avait assassiné le duc de Guise au siége d'Orléans, et qu'on venait de pendre en face de l'église. Le mardi 18 juillet 1564, et le dimanche suivant, pour les biens de la terre, endommagés par des pluies continuelles, et le miracle fut rendu si sensible par une longue suite de beaux jours, que la faculté de théologie vint en rendre grâces à Dieu, dans l'église Sainte-Geneviève, le 24 du mois suivant.

Le 28 juillet 1565, 1º pour les armes du roi, qui était à Angers, 2º contre l'hérésie, 3º contre la pluie. Le dimanche 23 juin et le dimanche 7 juillet 1566, Charles IX et sa cour se joignant au cortége dans la seconde de ces processions : le blé était monté à un taux exorbitant, parce que des pluies torrentielles faisaient désespérer de la récolte, mais il revint à un prix ordinaire grâce au soleil qui reparut à temps pour faire dérouiller les faucilles. L'an 1567, le mercredi 4 juin et le 22, contre la sécheresse. Même année, le 27 novembre, pour la prospérité des armes cattholiques, qui remportèrent la victoire de Moncreau. L'an 1568, pour le roi malade à Saint-Maur, et une autre fois en actions de grâces pour sa guérison. L'an 1569, pour la levée du siége de Poitiers, et une autre fois avant ou

après la victoire de Moncontour. En 1570, le
3 septembre, contre les hérésies et le mauvais
temps. Le dimanche suivant, 10 septembre,
semblable motif : le duc de Montpensier assistait, pour le roi, à la cérémonie. Le jeudi 4
septembre 1572, à cause des événements de la
Saint-Barthélemy, et il nous plaît ici de faire
observer qu'au lieu d'être un appel au meurtre,
c'était presque une solennité expiatoire, car
les massacres avaient eu lieu le 24 août. La
dernière descente des reliques sous Charles IX,
fut à l'occasion du siége de La Rochelle, et pour
parer encore à la disette que faisait craindre
la mauvaise apparence de la récolte, au mois
de juin 1573.

L'an 1575, le dimanche 4 septembre, contre
les chaleurs, et le dimanche 16 novembre.
pour inspirer le roi Henri III aux Etats de
Blois. Le dimanche 23 juin 1576, contre le
froid. En 1577, le 14 juillet, contre les pluies.
En 1578, le 13 avril, contre la sécheresse,
compromettant les biens de la terre, et aussi
pour la fécondité de la reine. En 1581, le 29
octobre, contre une maladie contagieuse. En
1582, le quatrième dimanche de l'avent, 9 décembre, à l'occasion des dix jours retranchés à
l'année, par l'adoption du *Calendrier grégorien*,
et aussi pour un enfant mâle et légitime sou-
haité à Henri III. En 1584, le 6 mai, pour remercier Dieu du rétablissement de la santé du
duc d'Anjou, frère du roi ; le 29 mai, pour demander de la pluie ; et le dimanche 3 juin ,
réitération des mêmes instances. Trois ans
après, la châsse avait à tempérer l'excès con-

traire, qui faisait renchérir le grain d'une façon désespérante. En 1589, le jeudi 12 mai, pour maintenir le peuple dans la foi catholique. En 1590, le 1er avril, pour les biens de la terre, et le 30 du même mois, pour éloigner du trône de France le huguenot Henri IV. En 1594, le 17 mars, c'est-à-dire cinq jours avant l'entrée du roi dans Paris, pour sa conversion. En 1595, le 5 janvier, pour rendre grâces à Dieu d'avoir sauvé les jours du roi, lors de la tentative d'assassinat de Jean Châtel; le dimanche 9 juin, pour une victoire remportée par le roi près de Dijon; le 17 octobre, et le 6 décembre, pour les biens de la terre, et en reconnaissance des lettres d'absolution que le roi recevait de Rome. En 1596, le 8 ou 21 avril, pour le succès des armes du roi, allant au secours de Calais, procession qui fut faite trop tard, car la ville était déjà prise. En 1597, le 13 juillet, pour la prospérité des armes du roi qui assiégeait Amiens. En 1599, le 5 août, contre la sécheresse.

Dans la troisième année du XVIIe siècle, le dimanche 1er juin, pour le même sujet qu'à la fin du XVIe, avec actions de grâces pour le rétablissement de la santé du roi. En 1604, le 31 mai. En 1611, le 3 ou 5 juin, contre la sécheresse, et pour la conservation du roi Louis XIII et de la reine-régente. En 1614, pour remercier Dieu de la paix. En 1615, le 21 juin, lors du voyage du roi à Fontarabie, pour attirer la bénédiction du ciel sur son mariage. En 1625, le 16 ou le 26 juillet, contre la sécheresse : le cardinal de Larochefoucauld, en sa qualité

d'abbé de Sainte-Geneviève, assistait à la procession pieds-nus , comme ses religieux. En
1652, le mardi 11 juin, à cause de la paix et
du retour de Louis XIV : l'arrêt du parlement
ordonnant cette cérémonie avait été rendu,
toutes chambres assemblées, en présence des
échevins et officiers de la ville, du grand-
vicaire de l'archevêque de Paris et de plusieurs bourgeois, après délibération en leur
absence, le 29 du mois précédent. En 1666, le
19 janvier, à l'occasion de la maladie de la
reine-mère qui , malheureusement, mourut
avant que la procession fût finie. En 1675, le
vendredi 19 juillet, contre la pluie. En 1694,
le 27 mai, contre la sécheresse, et miracle vint-
il jamais plus à propos ? Une disette durant depuis deux ans commençait à devenir famine :
l'édilité parisienne, en signe particulier de sa
reconnaissance, donna à l'église Sainte-Geneviève un tableau de commémoraison, et commandé à Largillière, qui s'y représenta lui-
même au milieu des échevins, en y plaçant
aussi le poète Santeül.

Déjà les processions au XVIIe siècle étaient
moins nombreuses qu'au XVIe, parce que, dès-
lors, la découverte des reliques de sainte Geneviève se substituait souvent à la descente.
La châsse était exposée derrière le grand-autel,
au-dessus d'un petit monument à quatre colonnes, présent de Louis XIII pour une partie,
et du cardinal de Larochefoucauld pour une
autre. La décoration de la châsse avait été réparée par l'orfèvre Nicole, à l'époque où la
reine Marie de Médicis y avait ajouté un bou-

quet de diamants, et cette reine ne fut pas la seule qui détacha de son front, de son cou ou de ses bras une parure, pour contribuer à l'éclat apparent du trésor, jetant moins de rayons que de miracles.

Par exemple, en 1706, c'est-à-dire à l'époque critique du grand règne, le cardinal de Noailles, archevêque de Paris, pour obtenir de Dieu un revirement victorieux pour les armées du roi, et une heureuse issue à la grossesse de la duchesse de Bourgogne, ordonna par mandement un jeûne public et une procession du clergé de toutes les églises de Paris et des environs à Notre-Dame et à Sainte-Geneviève. Le prévôt des marchands et les échevins exprimaient bien le vœu du peuple, en allant supplier en corps le parlement d'ordonner que la châsse de la patronne de Paris fut découverte pendant toute la durée de ces prières publiques. Sur quoi, ouï le procureur-général en ses conclusions, la matière mise en délibération, la cour arrêta et ordonna que pendant lesdites processions ladite châsse serait découverte ; que lesdits prévôt et échevins en informeraient l'archevêque de Paris, et qu'enfin l'un des secrétaires de la cour en aviserait l'abbé et les chanoines réguliers de Sainte-Geneviève, ce qui fut fait le même jour, 11 août, par Dongois, l'un des secrétaires. En conséquence, le coffre aux reliques fut ouvert le lundi 16 août, et l'archevêque, après la célébration d'une messe solennelle, se rendit à Sainte-Geneviève à la tête du chapitre de Notre-Dame, escorté du clergé des quatre églises communément appelées *les filles de Notre-Dame,* c'est-à-dire le Saint-Sépulcre, Sainte-Opportune, Saint-Benoit et Saint-Merri. Les autres églises de Paris suivirent cet exemple, et le pélerinage des fidèles continua sans doute les jours suivants. Le roi d'Angleterre vint entendre la messe à Sainte-Geneviève le 19 du même mois.

Trois ans après, aux revers de la guerre et à la pénurie financière se joignaient les horreurs de l'extrême rareté des grains : tout le blé semé en automne avait tellement souffert des intempéries de l'hiver, qu'il en fallait désespérer. Le roi ordonna donc une procession de la châsse, et la sainte eut à présenter à Dieu les prières d'un peuple qui ne demandait plus que du pain et la paix. Dès le 9 mai, fête de l'Ascension, les reliques furent découvertes ; leur descente n'eut lieu qu'à huitaine, après la présentation de la châsse de saint Marcel qui, d'après les usages, *venait quérir celle de sainte Geneviève.* On avait semé de l'orge à la place du blé qui refusait de lever, et ces nouvelles semailles, auxquelles on procéda dans le diocèse de Rouen jusques à la Pentecôte, réussirent à merveille dans les terres les plus légères, dans les ravines, voire même dans les fossés : un temps frais se montra si favorable aux orges, que la moisson tardive en fut très-abondante. De Croy père fit un tableau de cette descente de la châsse, et la Ville le donna à Sainte-Geneviève. A côté de cette toile figura une autre peinture un peu plus tard, elle avait pour auteur De Croy fils, et s'était inspirée d'une procession pareille, faite le 5 juillet 1725,

également à l'encontre de la stérilité : la veille
de cette cérémonie, les membres de l'assemblée du clergé de France, qui se tenait aux
Grands-Augustins, s'étaient transportés tous à
l'église Sainte-Geneviève ! Autre tableau encore, commandé à Tournière par les échevins
et pour l'église : une scène y fut retracée de la
procession de 1744, laquelle avait eu lieu à
l'occasion de la convalescence de Louis XV.
Que si nous mentionnons enfin la descente du
16 décembre 1765, pour le rétablissement de
la santé du dauphin, et celle de 1774, nous au-
rons complété la liste de toutes les processions
dont le bruit est venu jusqu'à nous.

L'abbaye avait au XVIIIe siècle jusqu'à des
princes du sang pour pensionnaires. Sa biblio-
thèque, forte de 90,000 volumes, avait été
principalement composée par les pères Claude
du Molinet et Lallemant, auteurs l'un et l'autre
d'une *Vie de sainte Geneviève*. La confrérie des
porteurs de la châsse, instituée en 1412 avec
l'agrément de Charles VI, avait fait imprimer
plusieurs fois ses statuts. La plus belle édition
qui en subsiste est de l'année 1735, format
in-4°, avec une gravure de C. Duflos, d'après
Philippe de Champagne, représentant sainte
Geneviève en bergère, et avec le visa de Fr. de
Riberolles, abbé de Sainte-Geneviève. Il y est
dit:*article Ier*, que tout candidat doit être «d'âge
« compétent et marchand des six corps, et sans
« aucun reproche, marié ou non ; » *article II*,
que, pour porter la châsse, « on sera tête et
« pieds-nus ; » *article III*, que « tous confrères
« n'auront voix active et passive qu'après trois

« ans de réception ; » *article VI,* que « les en-
« fants des porteurs et attendants qui se pré-
« senteront du vivant de leur père, ou dans le
« cours de l'an de son décès, seront préférés à
« tous autres, en payant demi-droit, s'ils ont
« l'âge ; » *article X,* que, « lorsqu'il arrivera le
« décès d'un confrère, toute la compagnie se
« trouvera dans sa maison en manteau et ra-
« bat, avec jeton double de présence, et qu'ils
« assisteront au service avec un cierge à la
« main : les échevins ou cons'ils et les malades
« exceptés, qui seront réputés présents même
« en leur absence. » Les confrères porteurs
étaient au nombre de seize dans le principe,
de quarante-deux sous François Ier, de dix-
sept titulaires et treize surnuméraires au commencement du règne de Louis XIV, et de trente-
huit signataires des statuts dans la brochure
précitée. Ils se coiffaient encore, en 1625, dans
l'exercice de leurs fonctions, d'un feutre dé-
coré de fleurs, et il leur était défendu *de régler
leurs comptes en tavernes.*

L'abbaye de Sainte-Geneviève fut supprimée
en 1790. Pendant quelques années. ses bâtiments servirent de club ; mais le Directoire y
fit fermer le club du Panthéon, et tout ce
qu'il en reste aujourd'hui dépend du collège
Henri IV, lycée Napoléon. L'église qui ren-
fermait les restes de sainte Geneviève et de
Descartes avait paru trop petite dès le règne
de Louis XV ; on ouvrit en 1807 la rue Clovis
sur son emplacement ; toutefois, il en subsiste
une tour carrée dans le collège. Le Panthéon

n'a fait que reprendre sa première destination en redevenant église Sainte-Geneviève.

C'est le 14 août 1792 qu'eut lieu, par ordre de l'administration départementale, la translation de la châsse de sainte Geneviève à Saint-Étienne-du-Mont, et le curé de cette église donna un reçu de la châsse, de deux cœurs en vermeil et d'un bouquet de diamants. Mais le 18 brumaire an II (8 novembre 1793), la châsse était déposée à la Monnaie. Le conseil-général de la commune de Paris, dans sa séance du 4 frimaire suivant (24 novembre), sous la présidence de Laloy, entendit la lecture du procès-verbal de l'ouverture de la châsse, dont voici un extrait :

Après nous être transportés dans un bâtiment situé à la Monnaie, après avoir reconnu que les scellés apposés sur la porte de la chambre où était Geneviève étaient sains et entiers ; examen fait de ladite châsse, les sus-nommés ont reconnu que l'opinion publique avait été grandement trompée sur le prix exagéré auquel on a porté la valeur de cette châsse, dont la majeure partie des pierres sont fausses ; les diamants et les perles fines et fausses ont été estimés, ainsi que les parties d'or et d'argent, 23,830 livres. Nous avons trouvé dans cette châsse une caisse en forme de tombeau, couverte et collée en peau de mouton blanc et garnie de bandes de fer dans toutes ses parties, de deux pieds neuf pouces de long, neuf pouces de largeur et de quinze pouces

de hauteur. Ladite caisse, contenue avec du coton
sur lequel nous avons trouvé une petite bourse
en soie cramoisie, ayant d'un côté un aigle à
double tête, et de l'autre deux aigles avec une
fleur de lis au milieu, brodés en or ; dans la
bourse, un petit morceau de voile de soie, dans
lequel est enveloppée une espèce de terre. Dans le
cercueil, il s'est trouvé deux petites lanières en
peau jaune. Dans une des extrémités, un paquet
de toile blanche, attaché avec un lacet de fil ; dans
ce paquet, vingt-quatre autres petits paquets, les
uns de toile, d'autres de peau, et plusieurs
bourses de peau de différentes couleurs. Une
fiole lacrymatoire, bouclée avec du chiffon et
contenant un peu de liqueur brunâtre desséchée.
Une bande de parchemin sur laquelle est écrit :
Una pars casulæ sancti Petri, principis aposto-
lorum, et plusieurs autres inscriptions sur parchemin, que nous n'avons pu déchiffrer. Ces
vingt-quatre paquets en contenaient beaucoup
d'autres plus petits, renfermant de petites parties de terre qu'il n'est pas possible de décrire.
Un de ces paquets, en forme de bourse, contient
une tête en émail noir, de la grosseur d'une petite noix et d'une figure hideuse, dans laquelle
est un papier contenant une partie d'ossements.
Un autre paquet de toile blanche gommée conte-
nait les ossements d'un cadavre et une tête sur
laquelle il y avait plusieurs dépôts de sélénite et
de plâtre cristallisé. Nous n'y avons pas trouvé

les os du bassin. Avons aussi trouvé une bande de parchemin portant ces mots : Hìc jacet humanum corpus sanctæ Genovefæ. Plus un style de cuivre en forme de pelle d'un côté et pointu de l'autre : cet instrument servait aux anciens à tracer sur des tables de cire. Cette châsse a été faite en 706 par le ci-devant soi-disant saint Éloi, orfévre et évêque de Paris. Elle a été réparée en 1614, par Nicole, orfévre de Paris. Il paraît que c'est à cette époque que l'on a substitué des pierres fausses en place des anciennes qui y étaient. Le corps de la châsse est de bois de chêne très-épais ; entre autres choses fort ridicules et fort extraordinaires, nous avons remarqué sur cette châsse une agate gravée en creux, représentant Mucius Scevola brûlant sa main pour la punir d'avoir manqué le tyran Porsenna ; au-dessous est gravé Constantia. Sur une autre pierre un vil Ganimède, enlevé par l'aigle de Jupiter pour servir de giton au maître des dieux ; et sur d'autres pierres des Vénus, des Amours, et autres attributs de la fable. Tous les ornements qui couvrent la châsse sont des placages d'argent doré, très-minces.

Le procès-verbal du dépouillement de la châsse de sainte Geneviève fut signifié à toutes les sections de la commune et au pape Pie VI, à la requête du conseil général. Le reliquaire, dépouillé de tous ses ornements, fut brûlé dans la même année, mais pendant la nuit, en place de Grève.

En l'an 1804, sous l'archiépiscopat du cardinal de Belloy, une pierre de l'ancien tombeau de sainte Geneviève fut retrouvée dans la chapelle souterraine de l'abbaye par Gilbert des Voisins, alors curé de Saint-Étienne-du-Mont. Cette pierre, elle avait échappé au sacrilége public comme par un miracle ; le marbre qui la recouvrait, avait seul reçu tous les coups des profanateurs révolutionnaires. L'évêque et le curé s'empressèrent de recourir au témoignage du dernier abbé de sainte Geneviève, des chanoines réguliers qui vivaient encore, et des fidèles qui avaient fréquenté l'église Sainte-Geneviève avant la Révolution : la pierre fut reconnue à l'unanimité, et cette relique authentique portée à Saint-Étienne-du-Mont.

Sous la Restauration, le Panthéon fut restitué au culte catholique, et les reliques pieusement distraites pendant la République, et préservées ainsi d'une destruction sacrilége, furent revendiquées et récupérées autant que possible par M. de Quélen, archevêque à cette époque. Mais le tombeau de la patronne de Paris, pierre que le scellement avait immobilisée par destination, à Saint-Etienne-du-Mont, fut légitimement conservé par la fabrique de cette église. De là double pélerinage en l'honneur de sainte Geneviève, au siècle dans lequel nous vivons.

Les restes mortels de la sainte, réunis de nouveau dans son église, sont un avant-bras et quelques phalanges de la main. La nouvelle châsse est en cuivre émaillé et doré. Elle a été placée à Saint-Etienne-du-Mont, sous le gouvernement de Louis-Philippe, parce que l'église Sainte-Geneviève était alors redevenue le Panthéon.

De l'année 1852 date l'organisation d'un collége de prêtres séculiers, sous la conduite d'un doyen, pour le service de l'église Sainte-Geneviève, et comme école de prédication.

Fin de l'Histoire des Reliques.

TABLE DES MATIÈRES

Paris-Vaugirard, imp. Aubry, rue de l'Église, 6.